DIESES BUCH

Gehört

# TRAIN MALBUCH

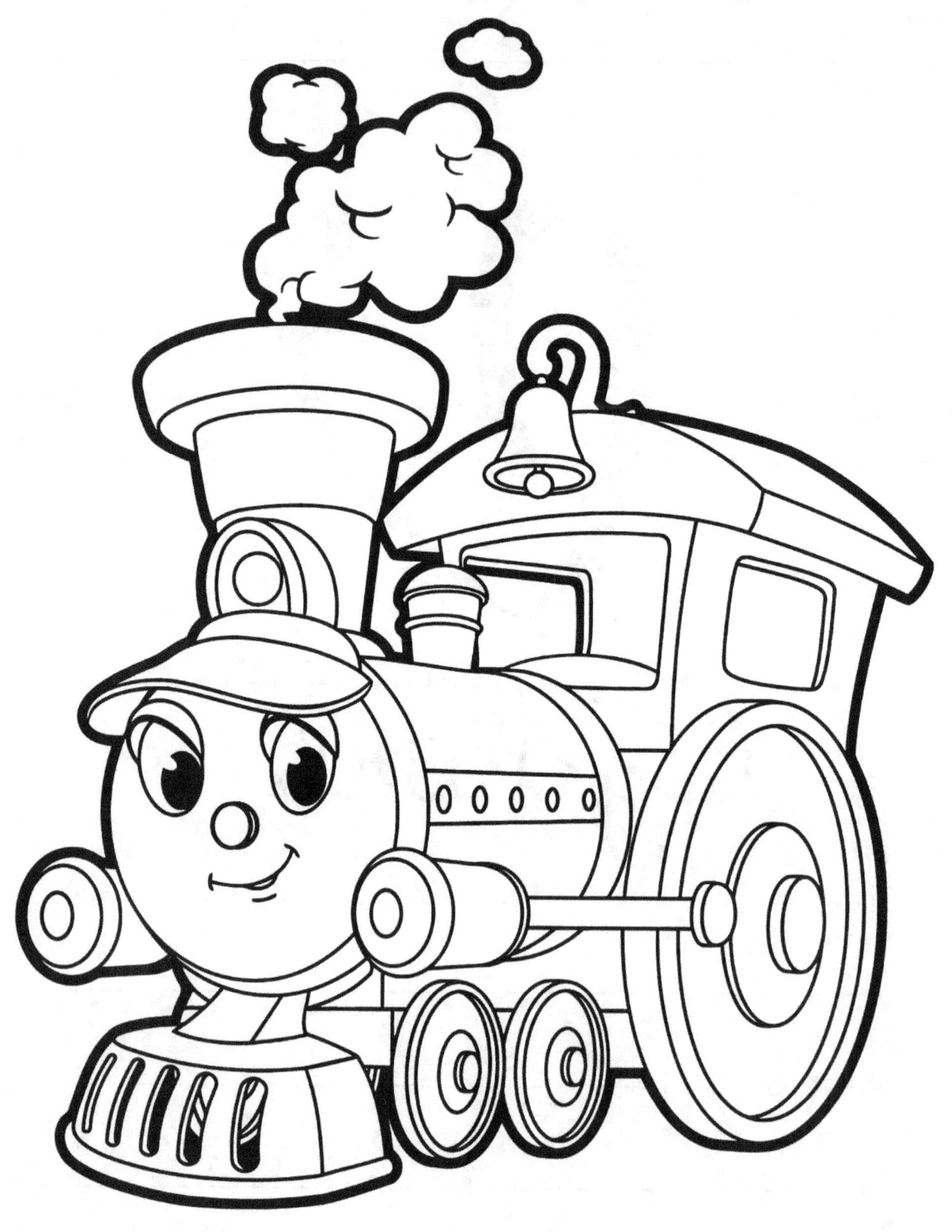

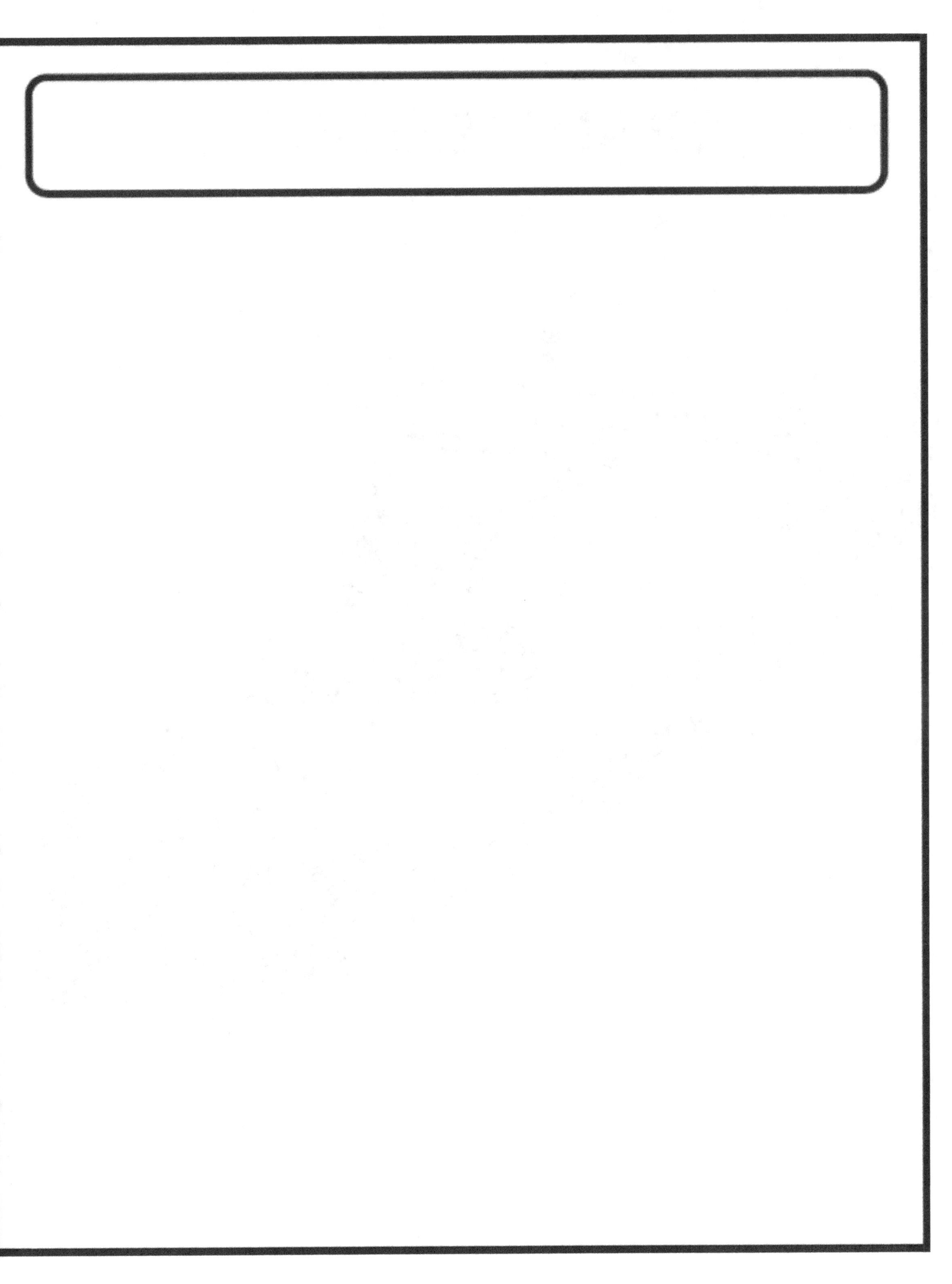

# TRAIN MALBUCH

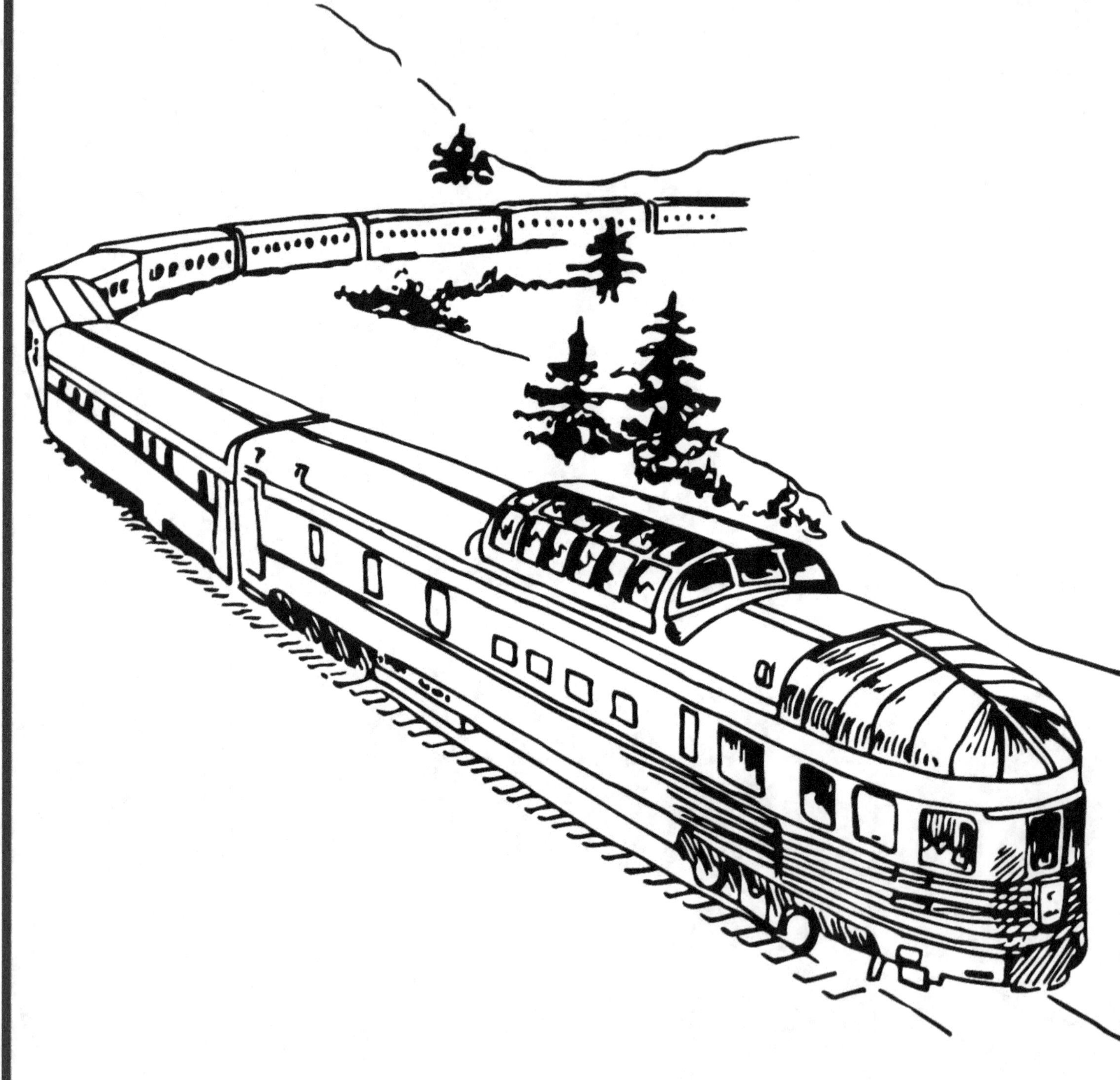

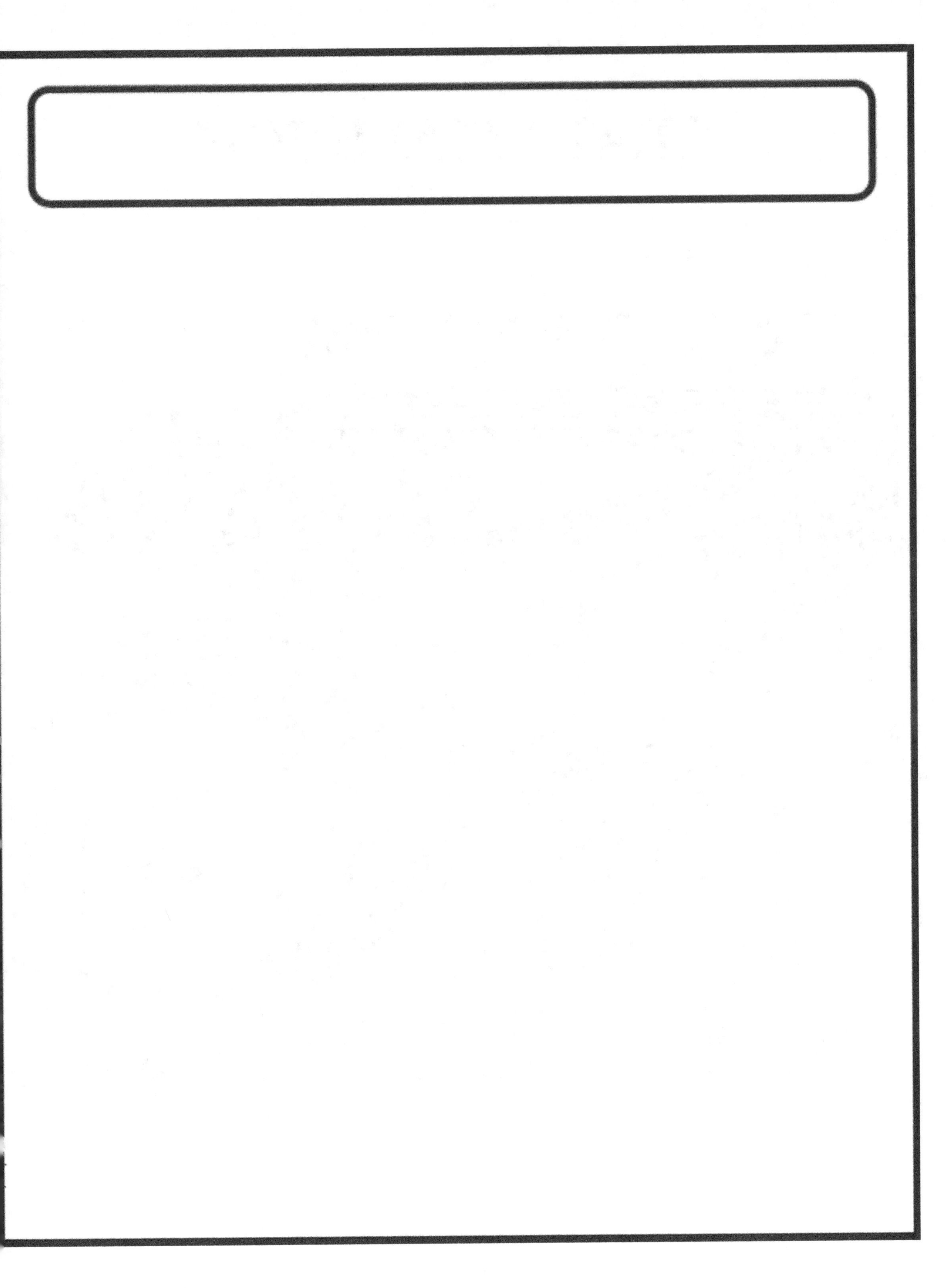

# TRAIN MALBUCH

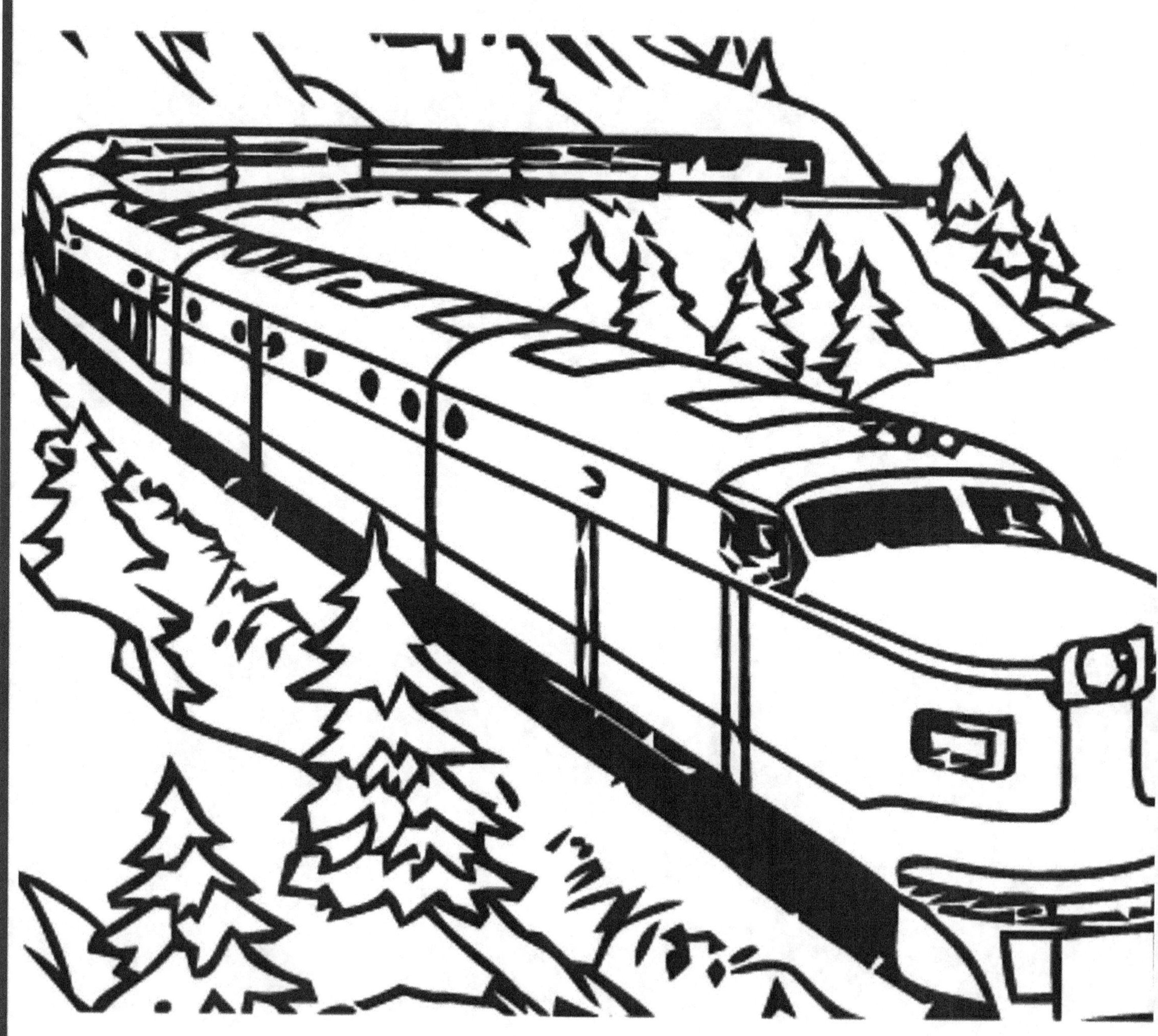

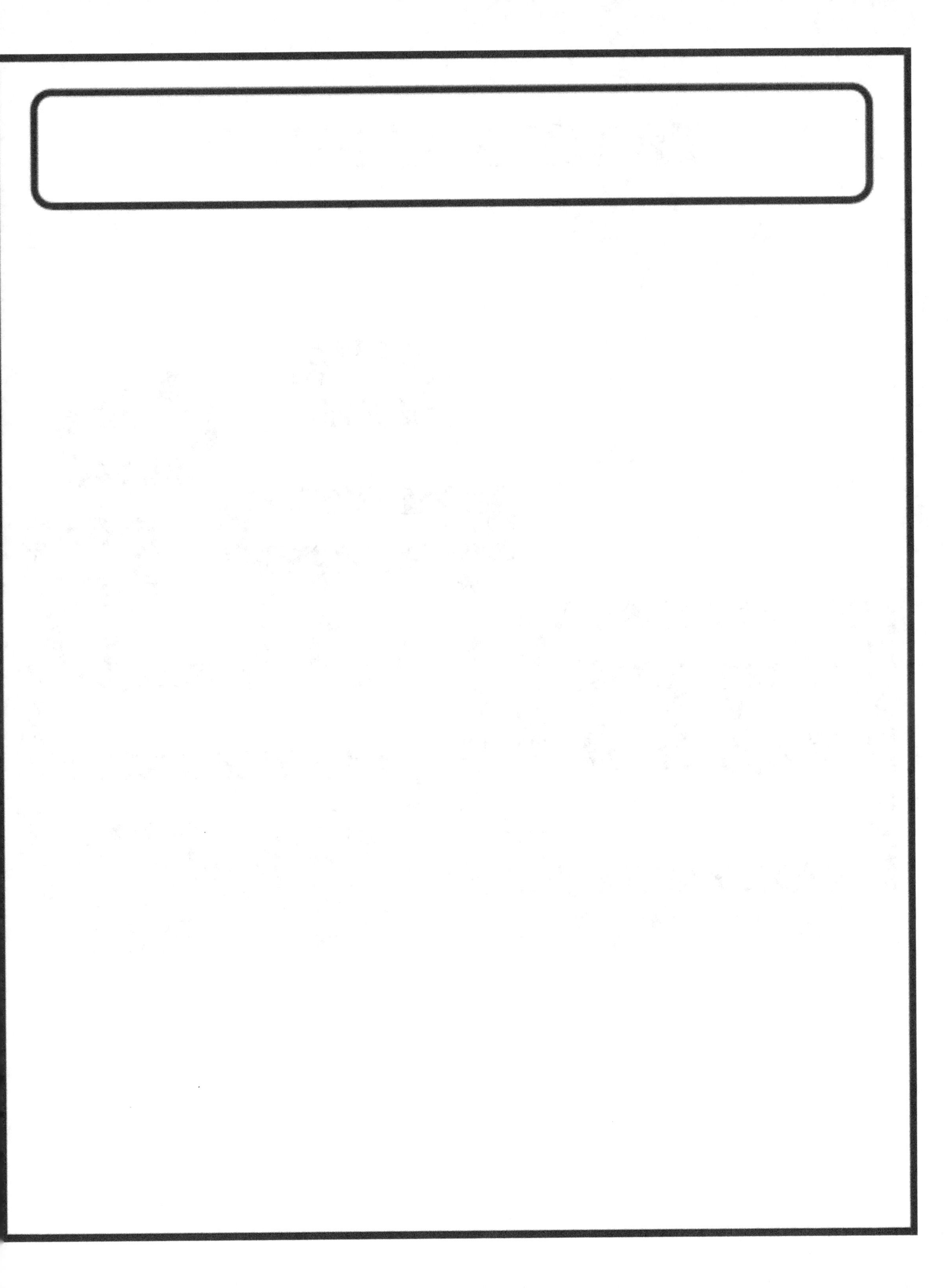

# TRAIN MALBUCH

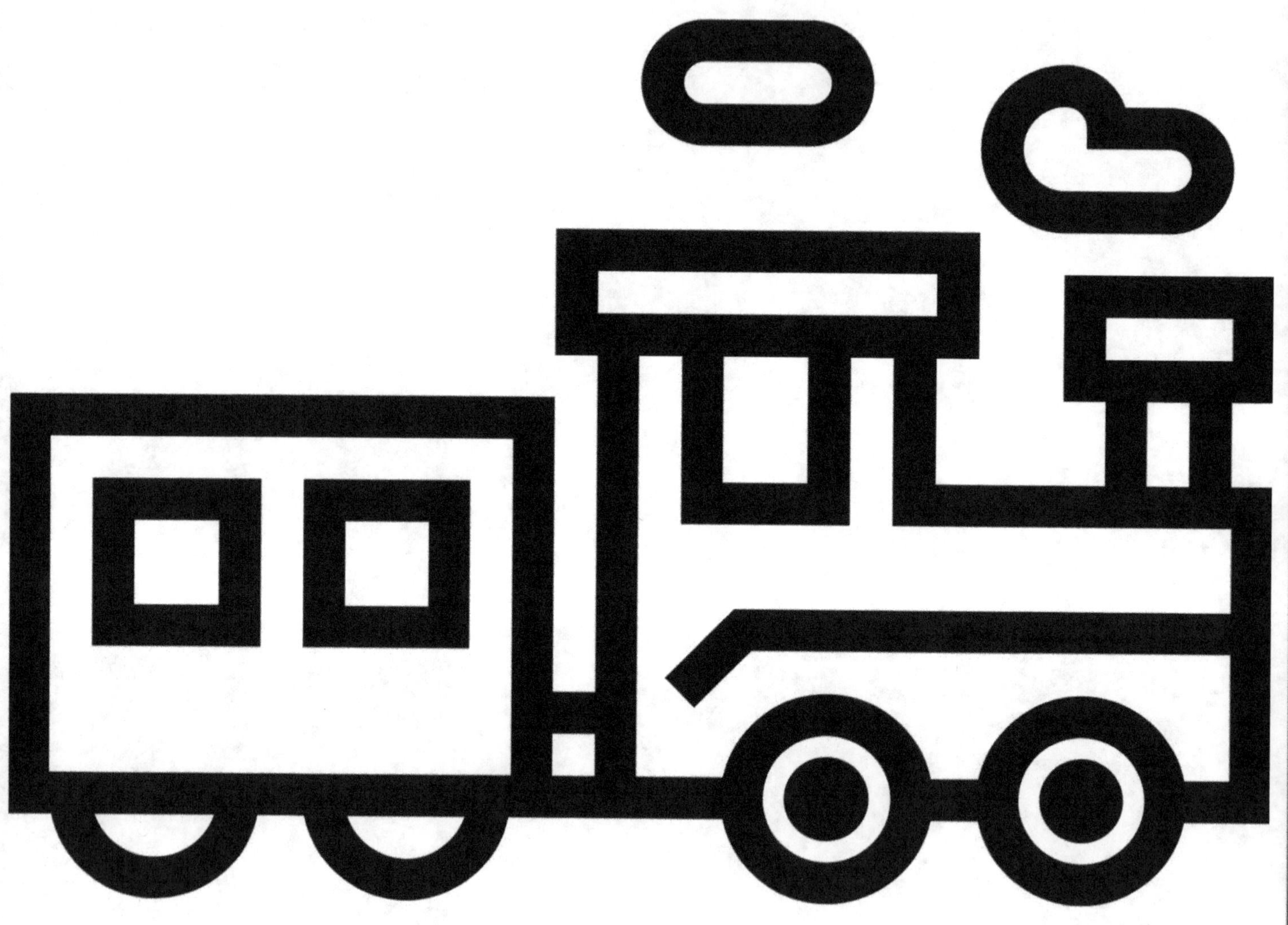

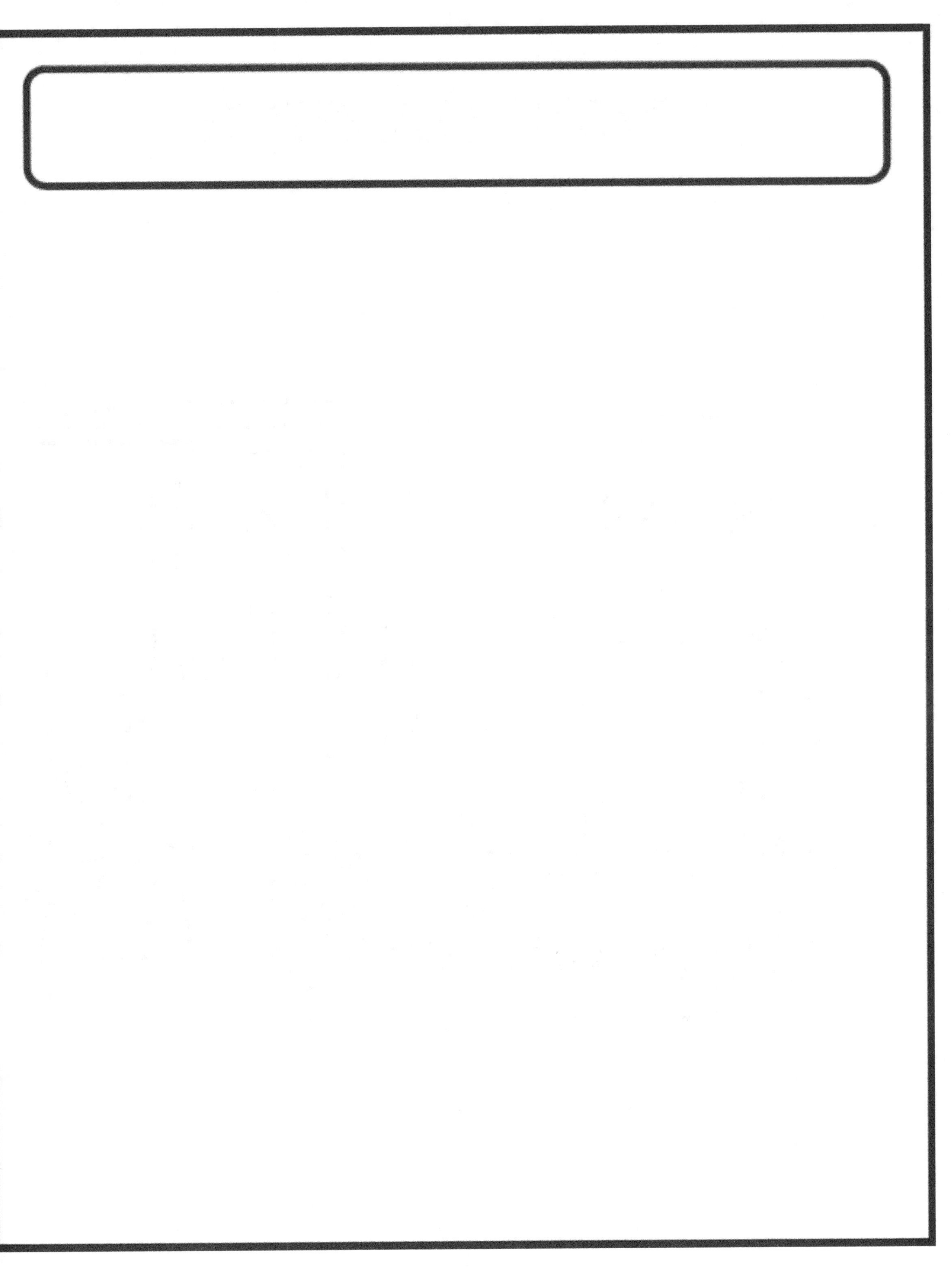

# TRAIN MALBUCH

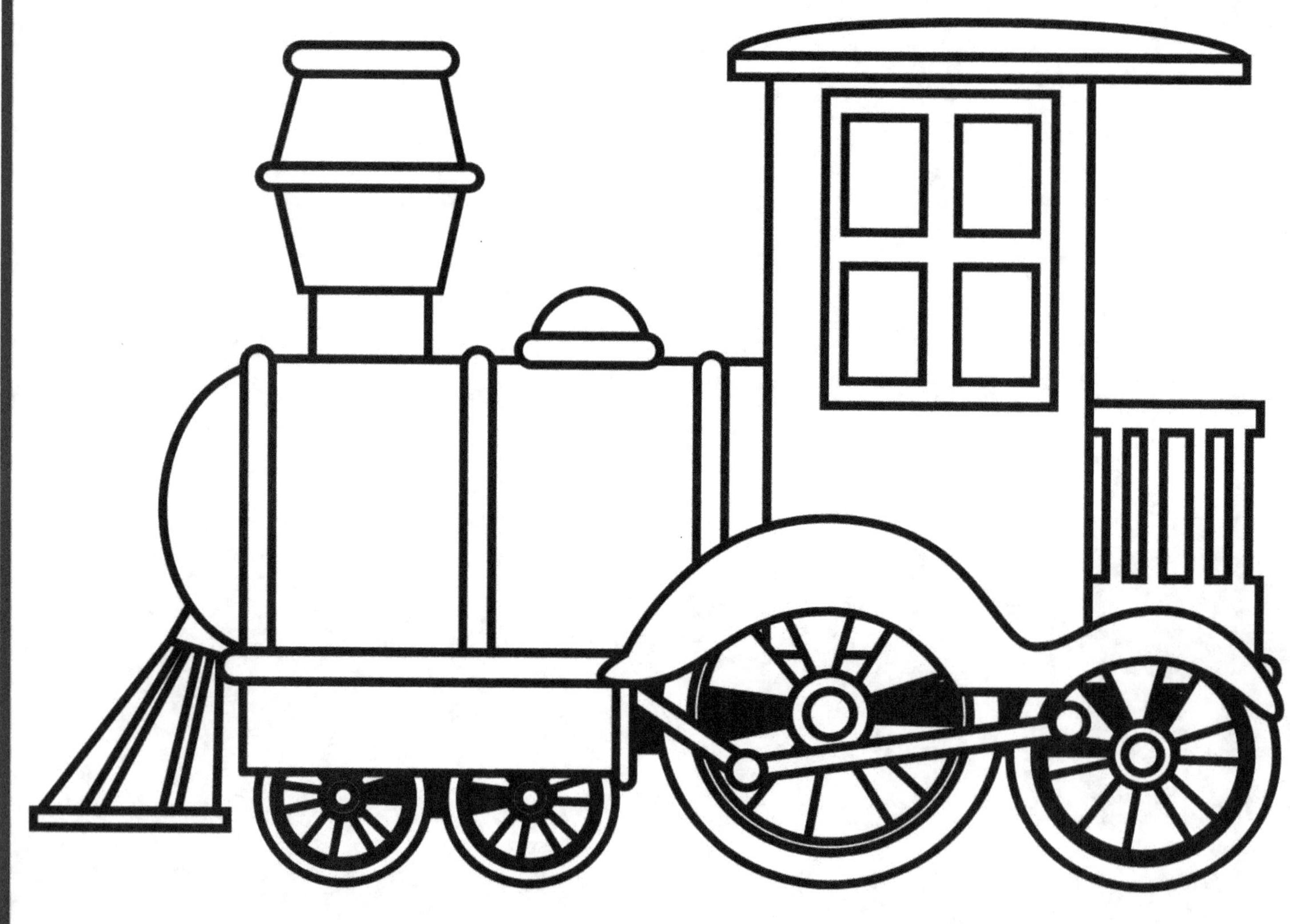

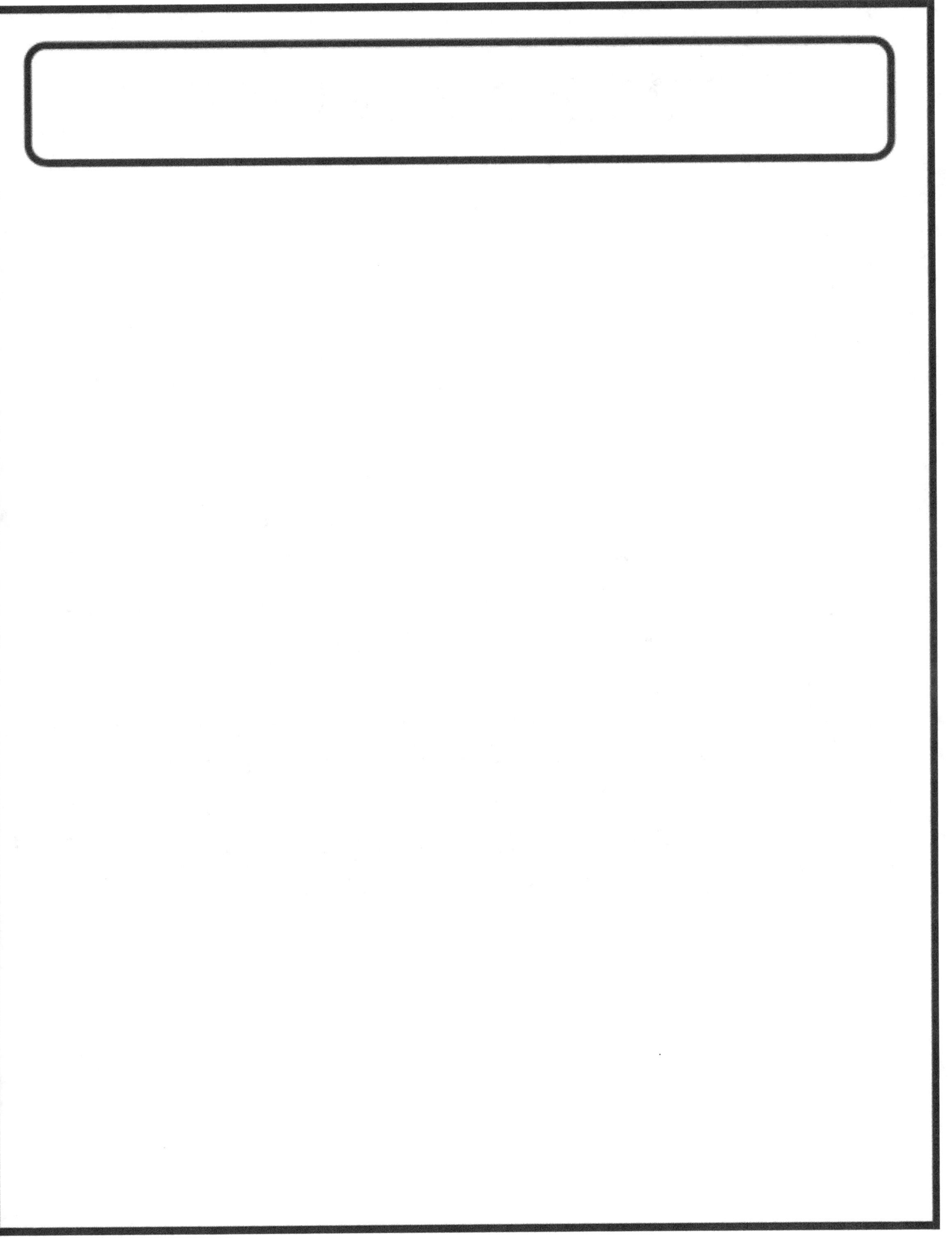

# TRAIN MALBUCH

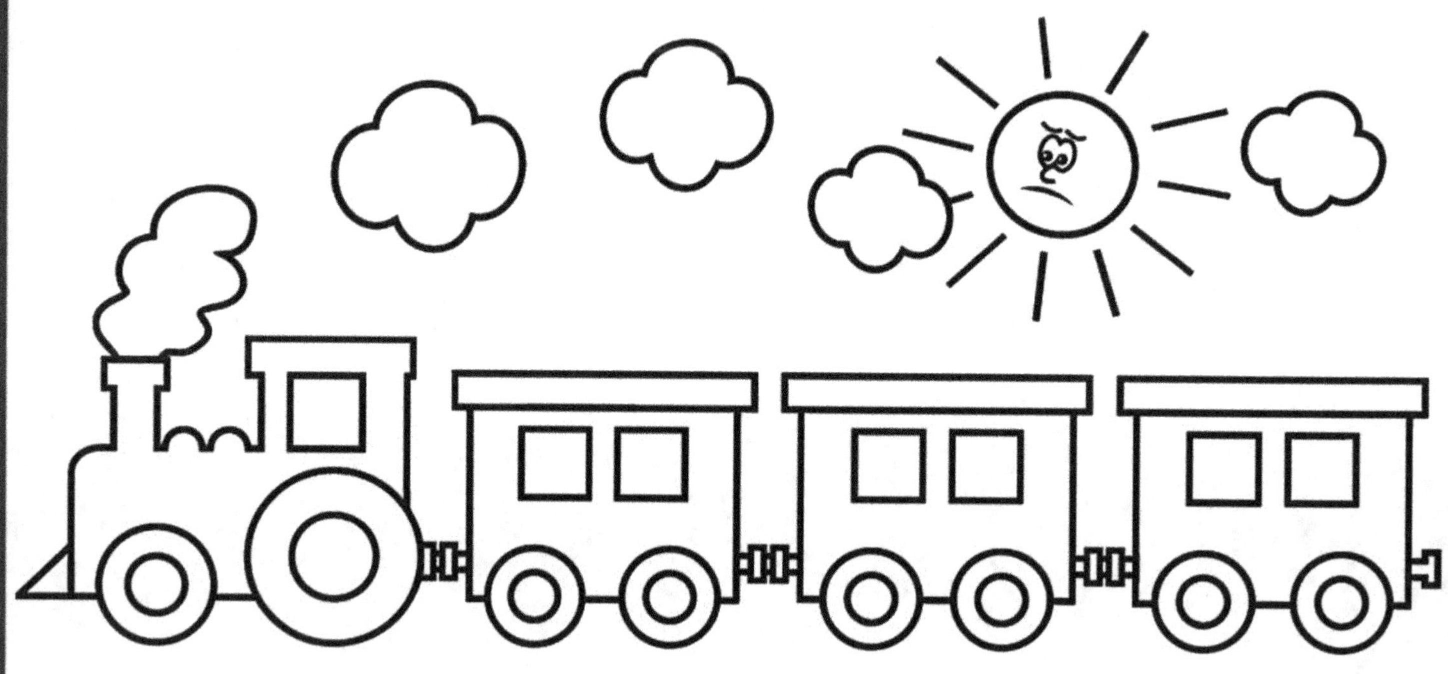

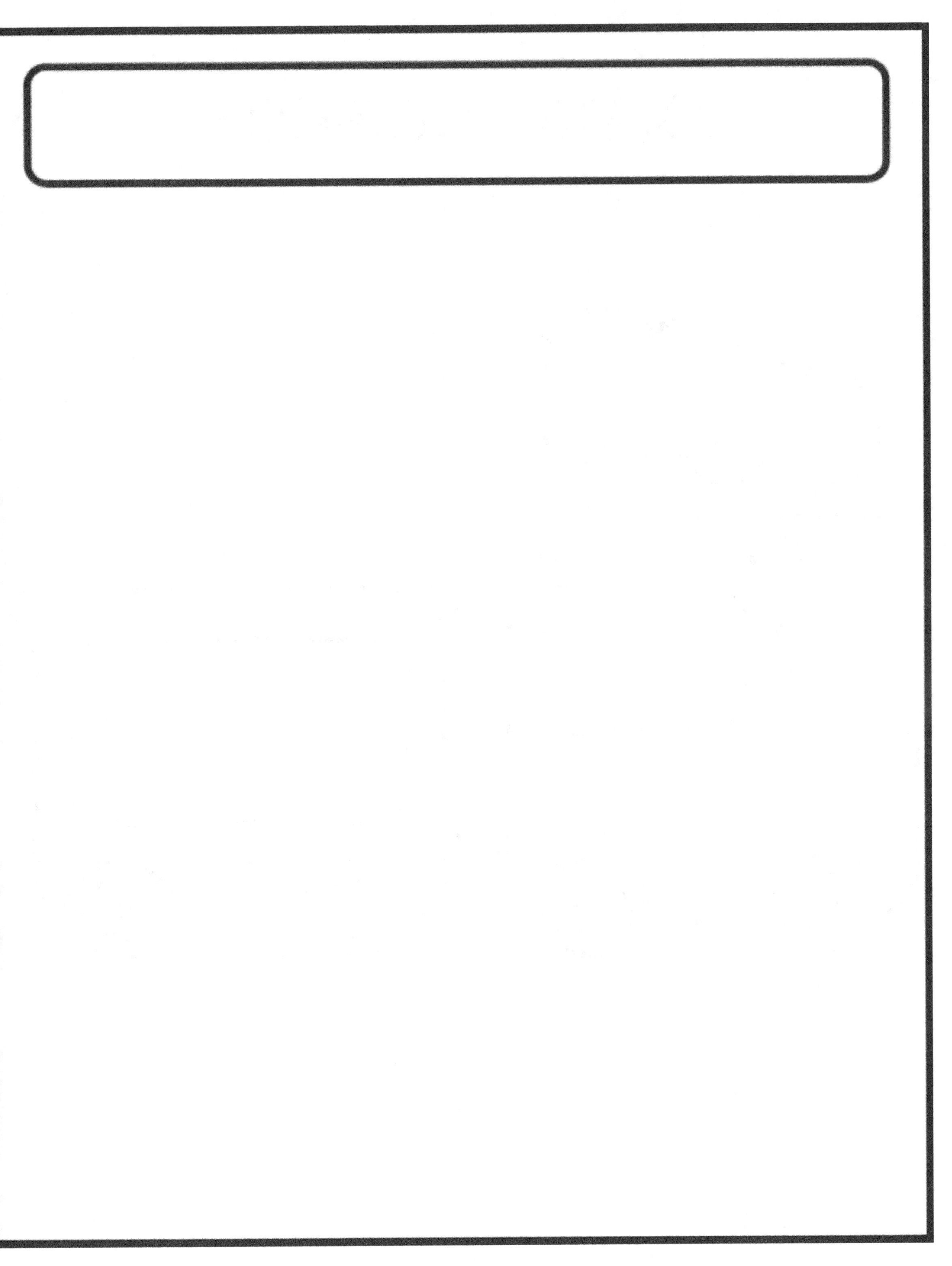

# TRAIN MALBUCH

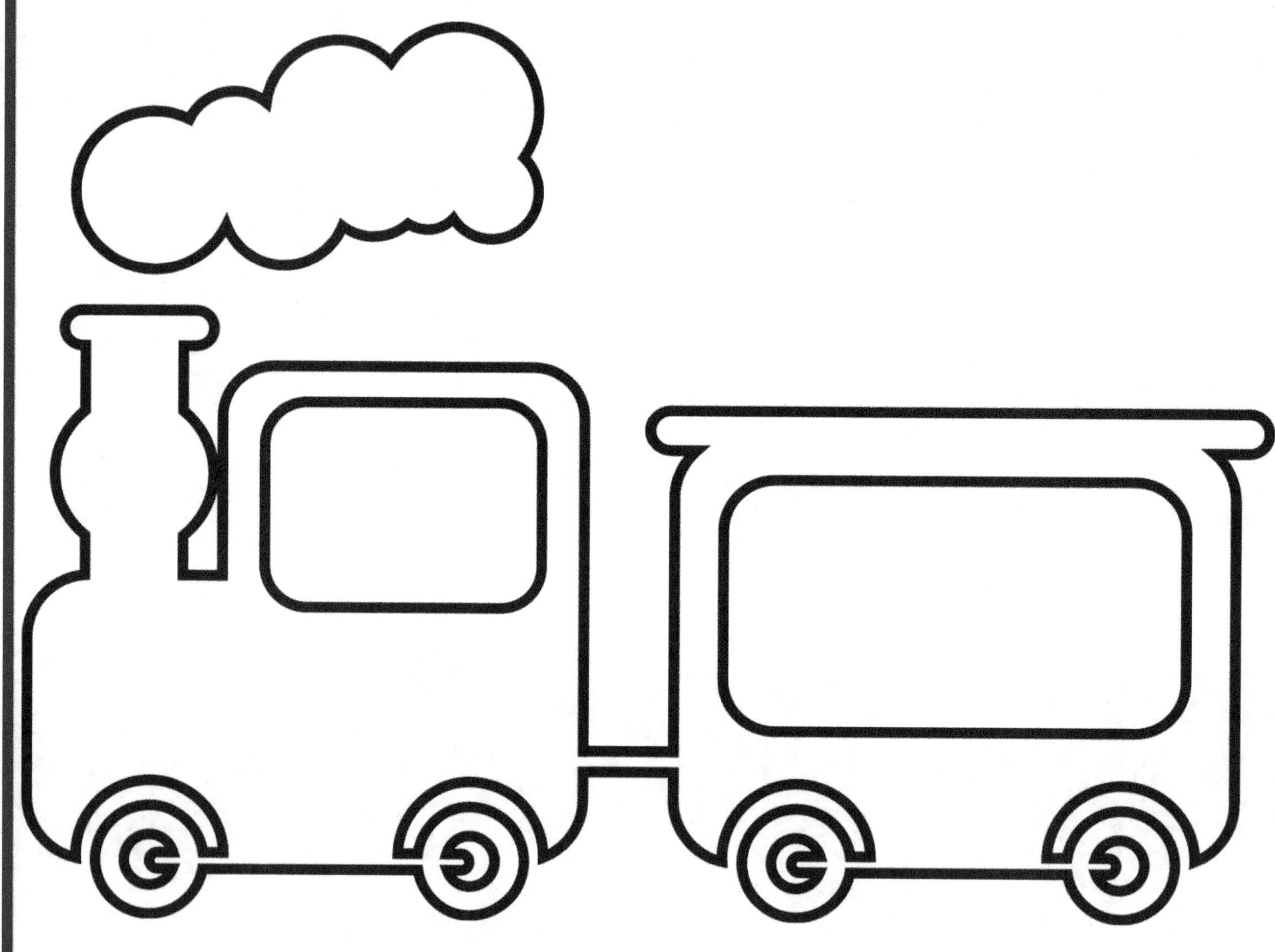

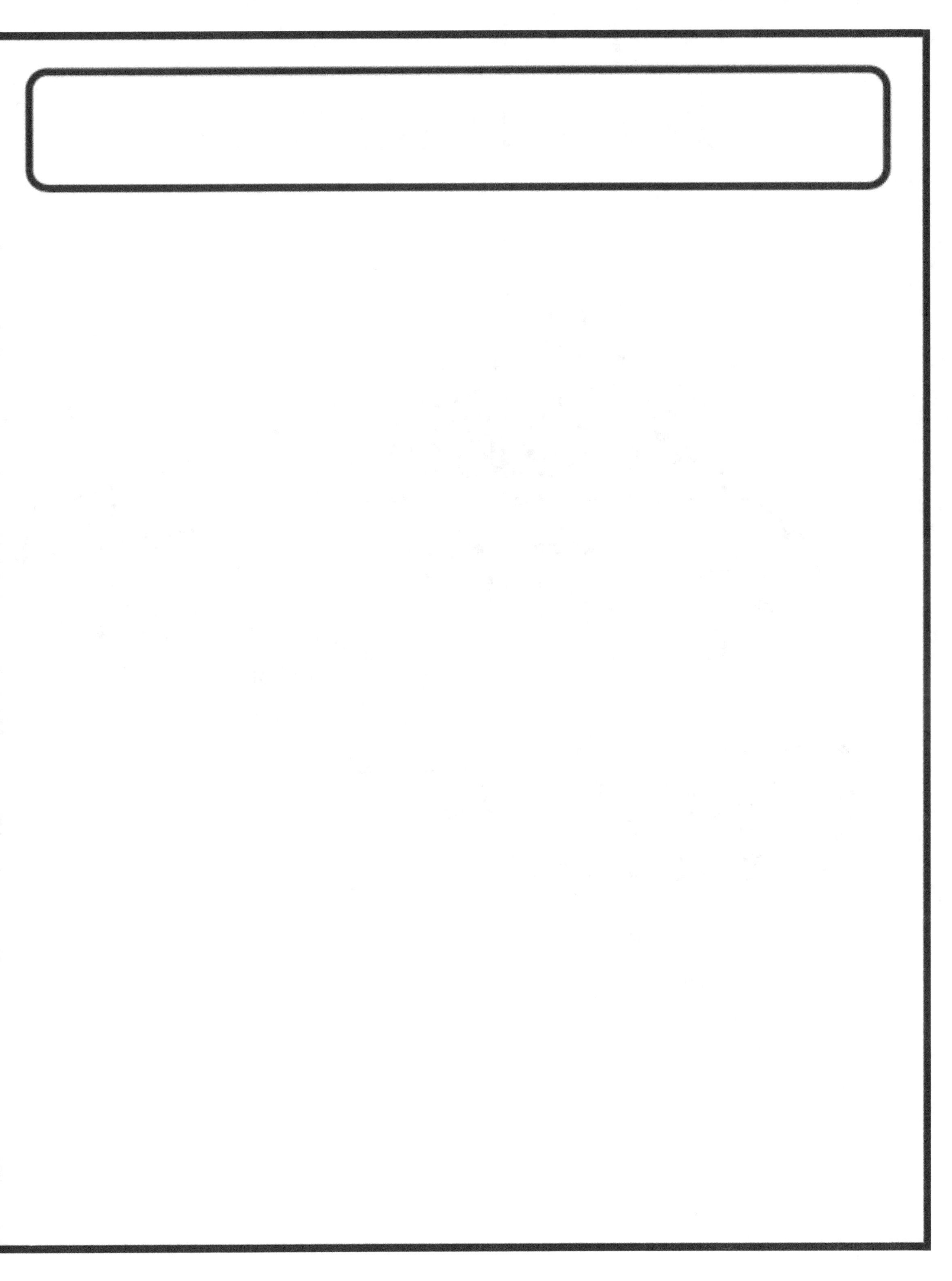

# TRAIN MALBUCH

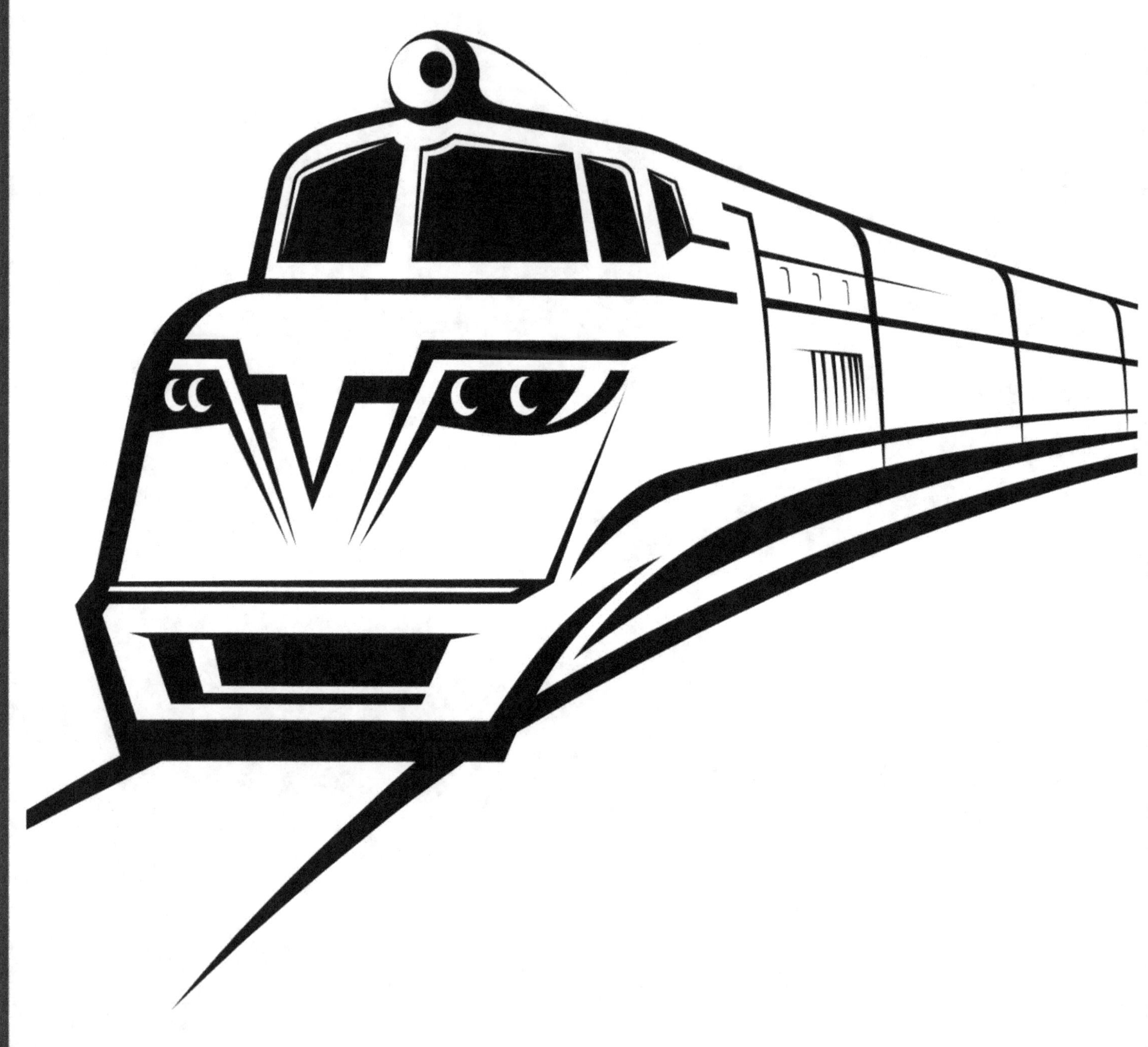

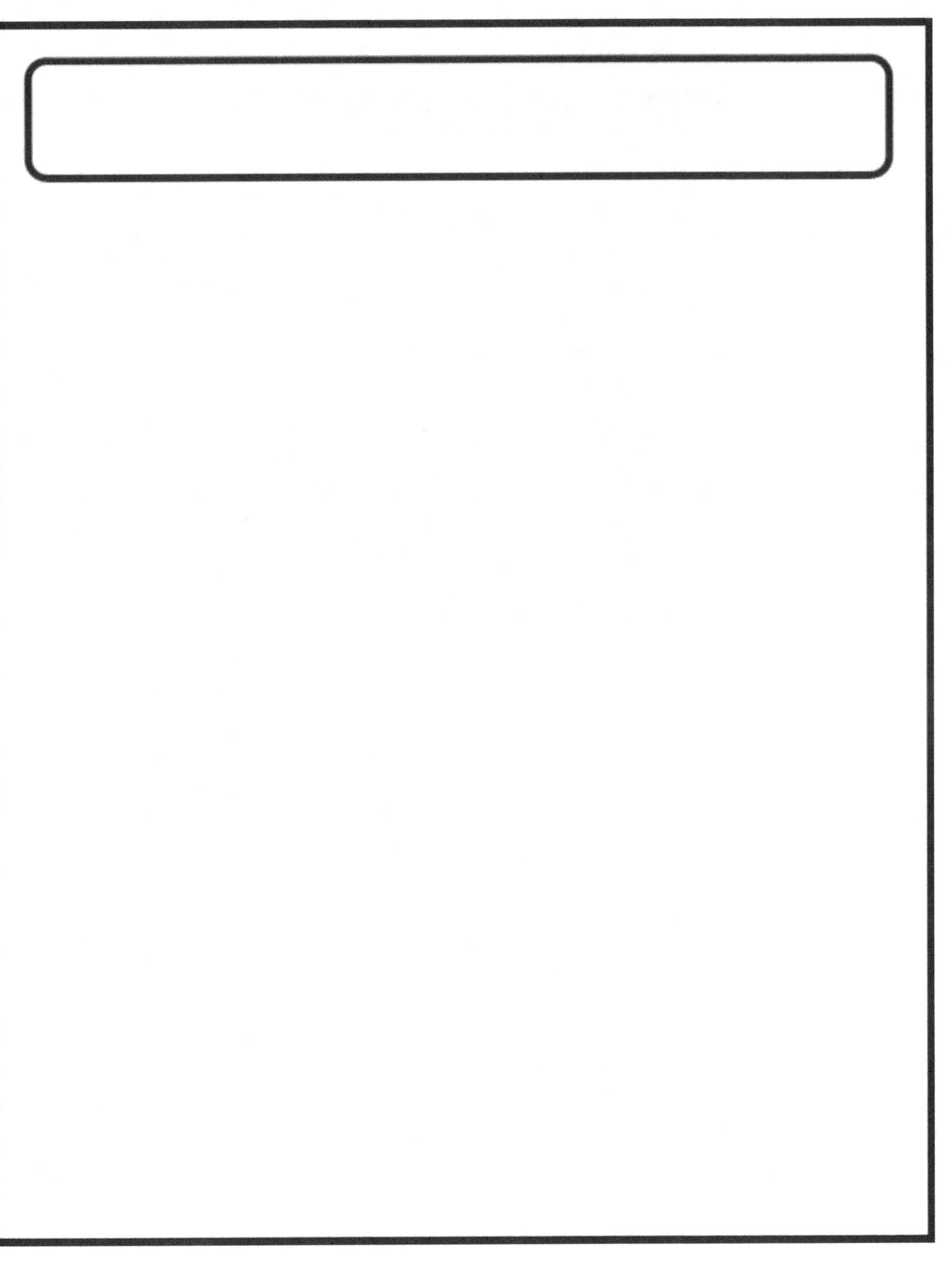

# TRAIN MALBUCH

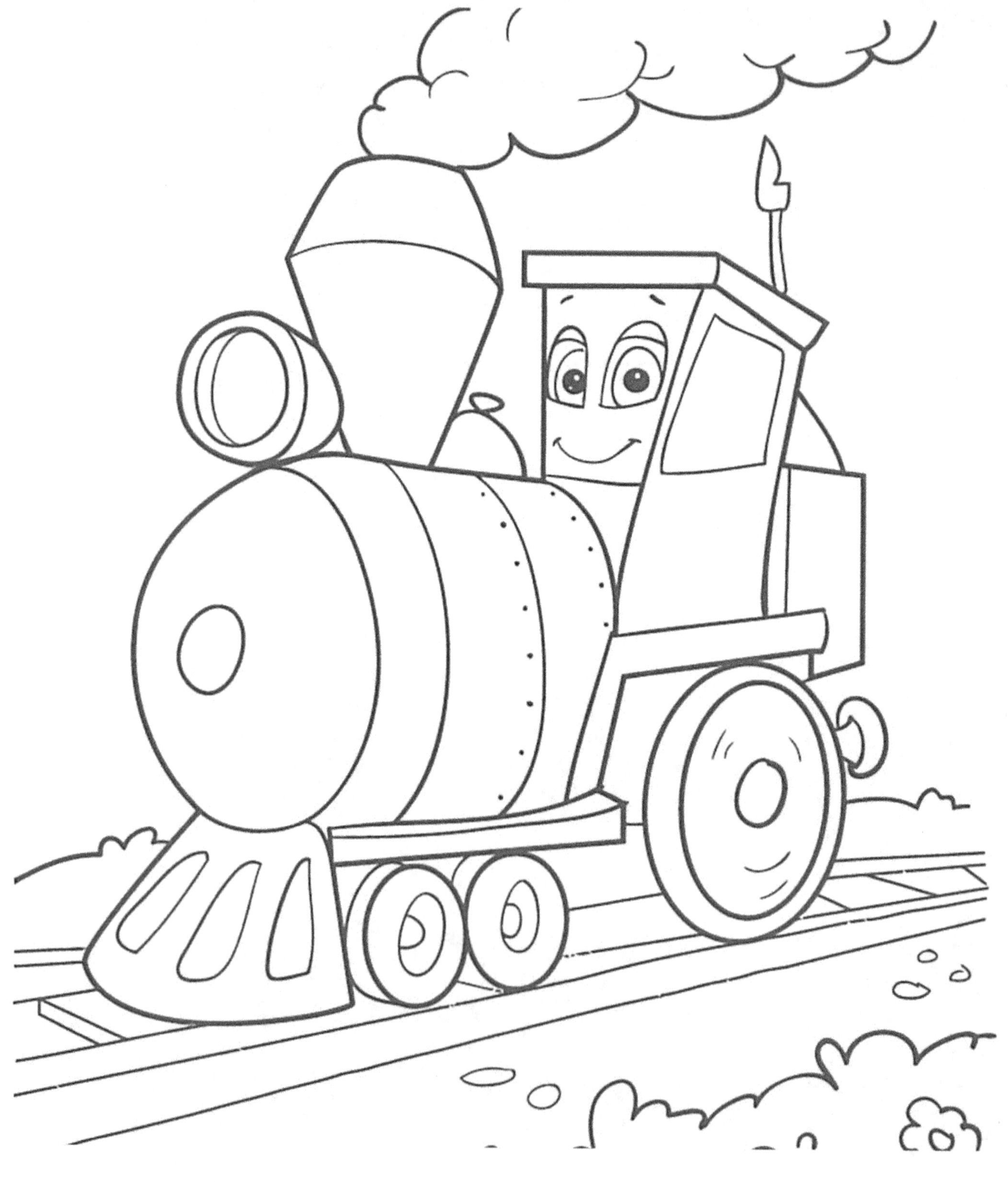

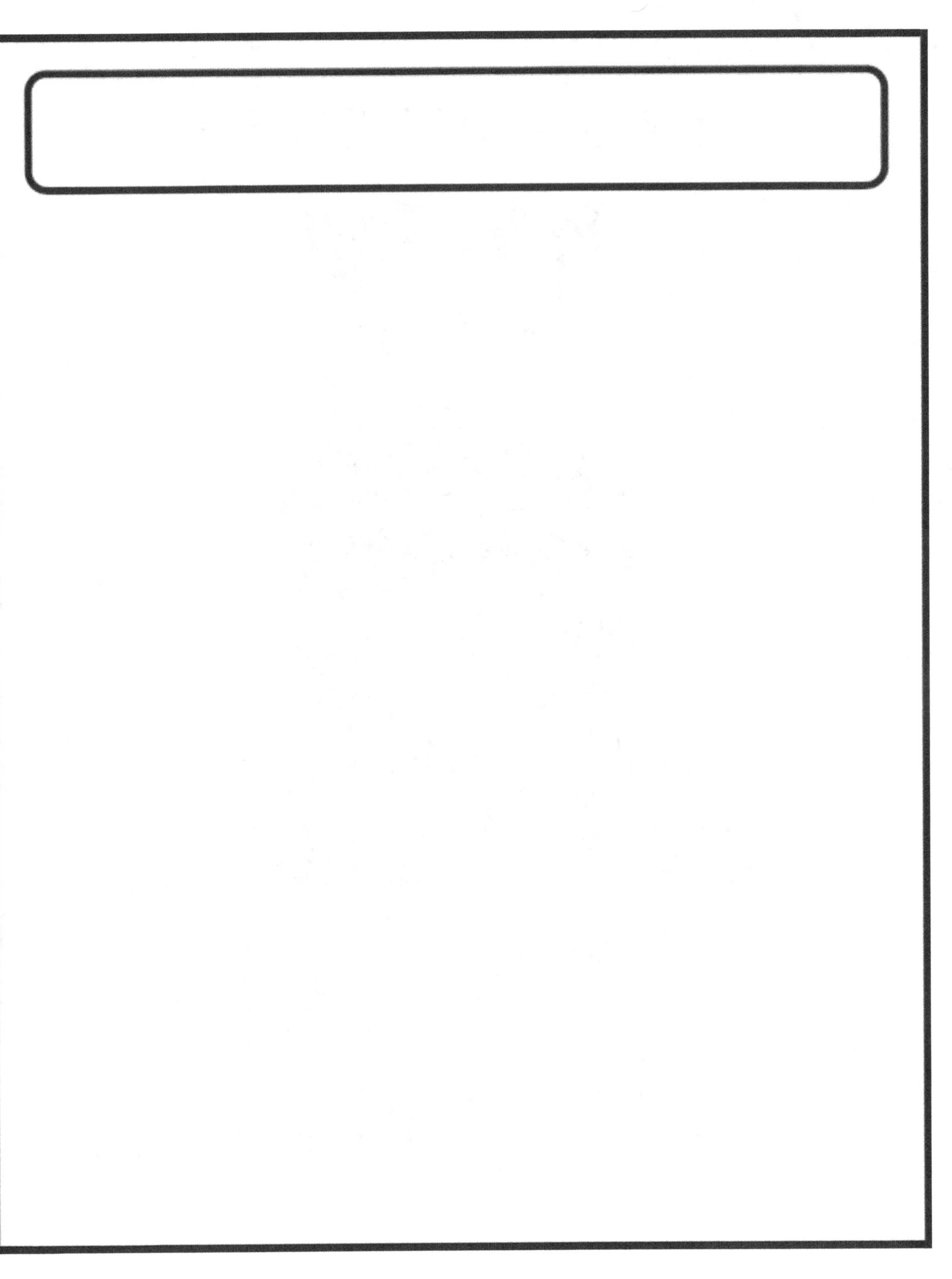

# TRAIN MALBUCH

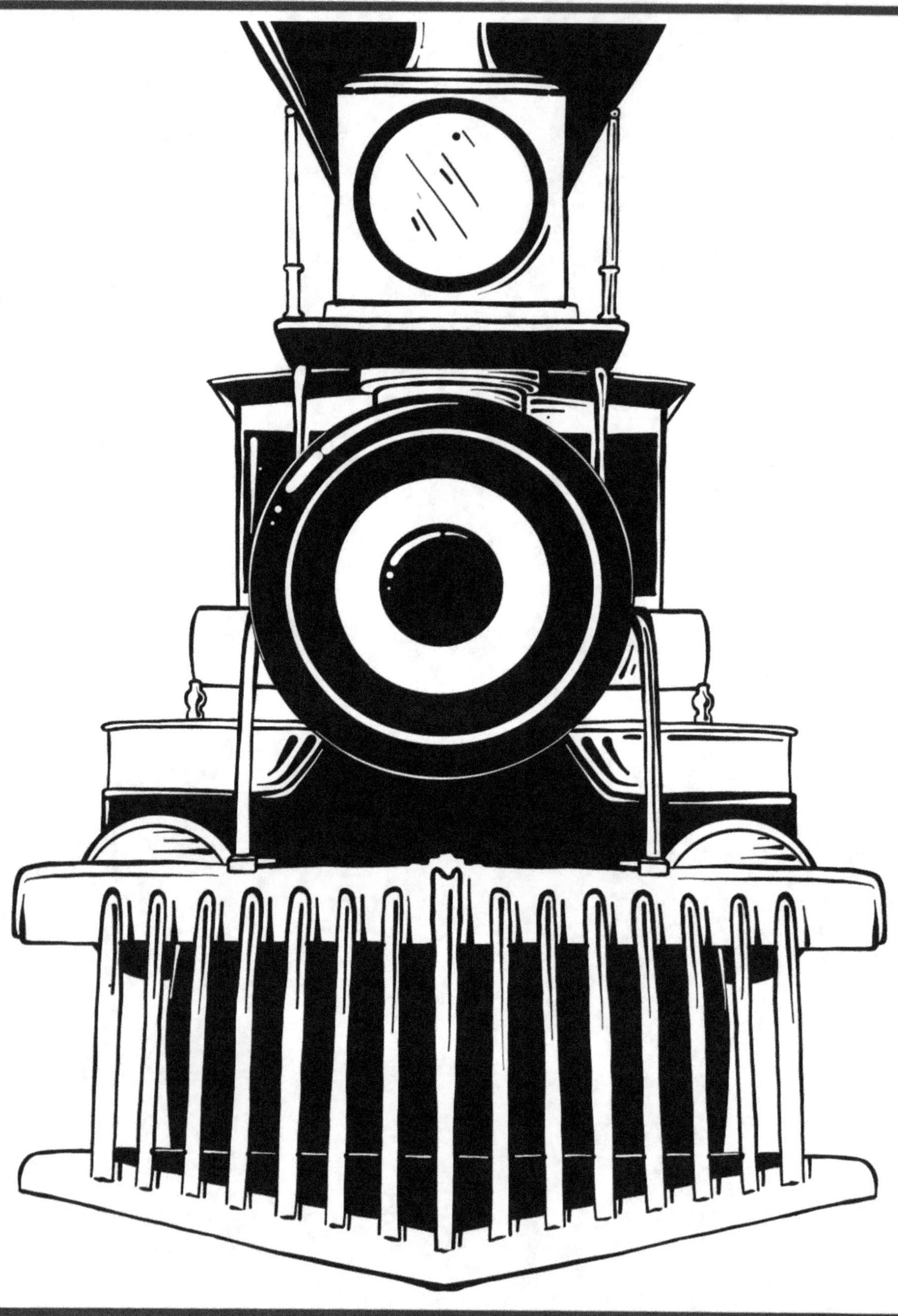

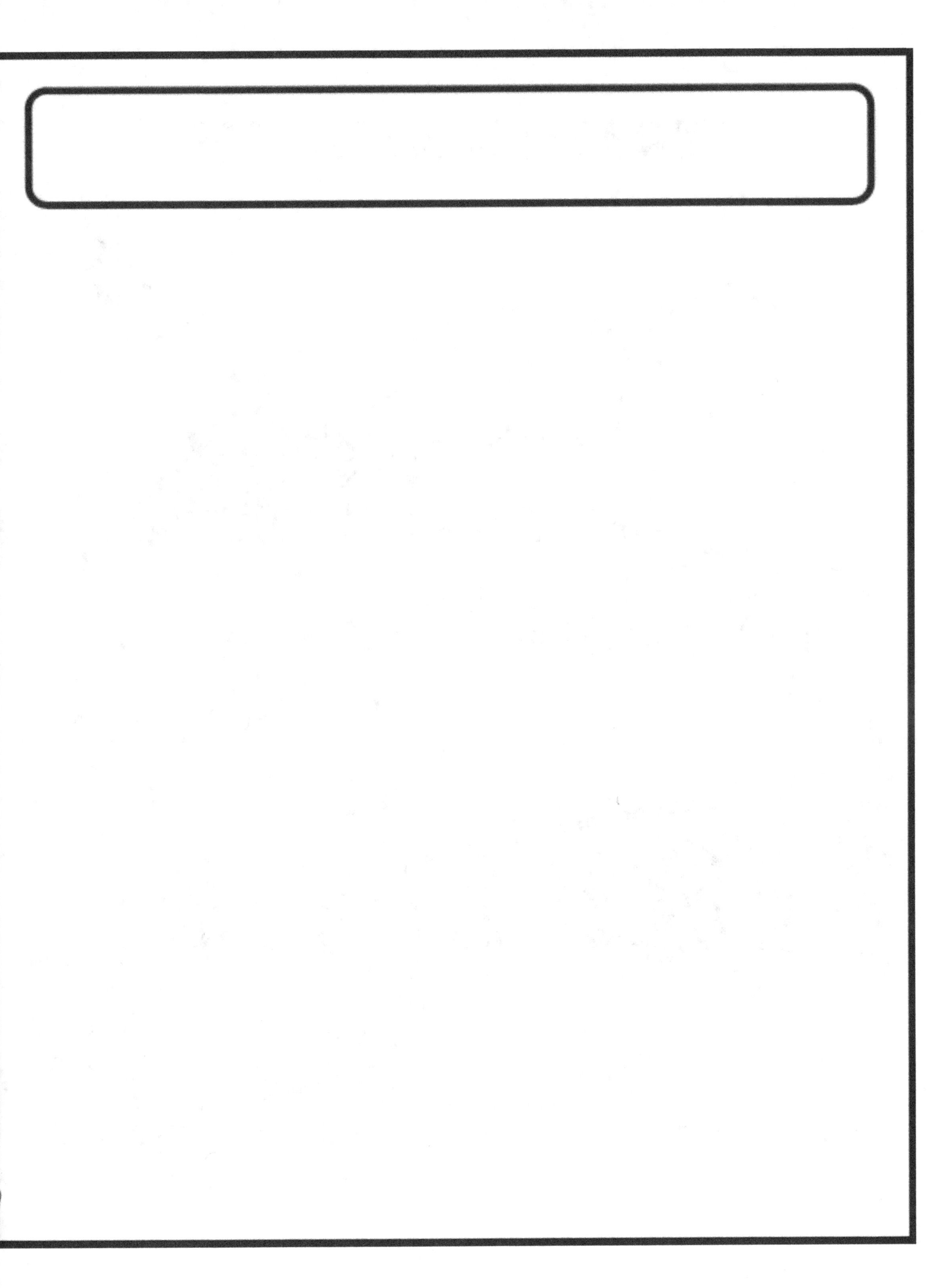

# TRAIN MALBUCH

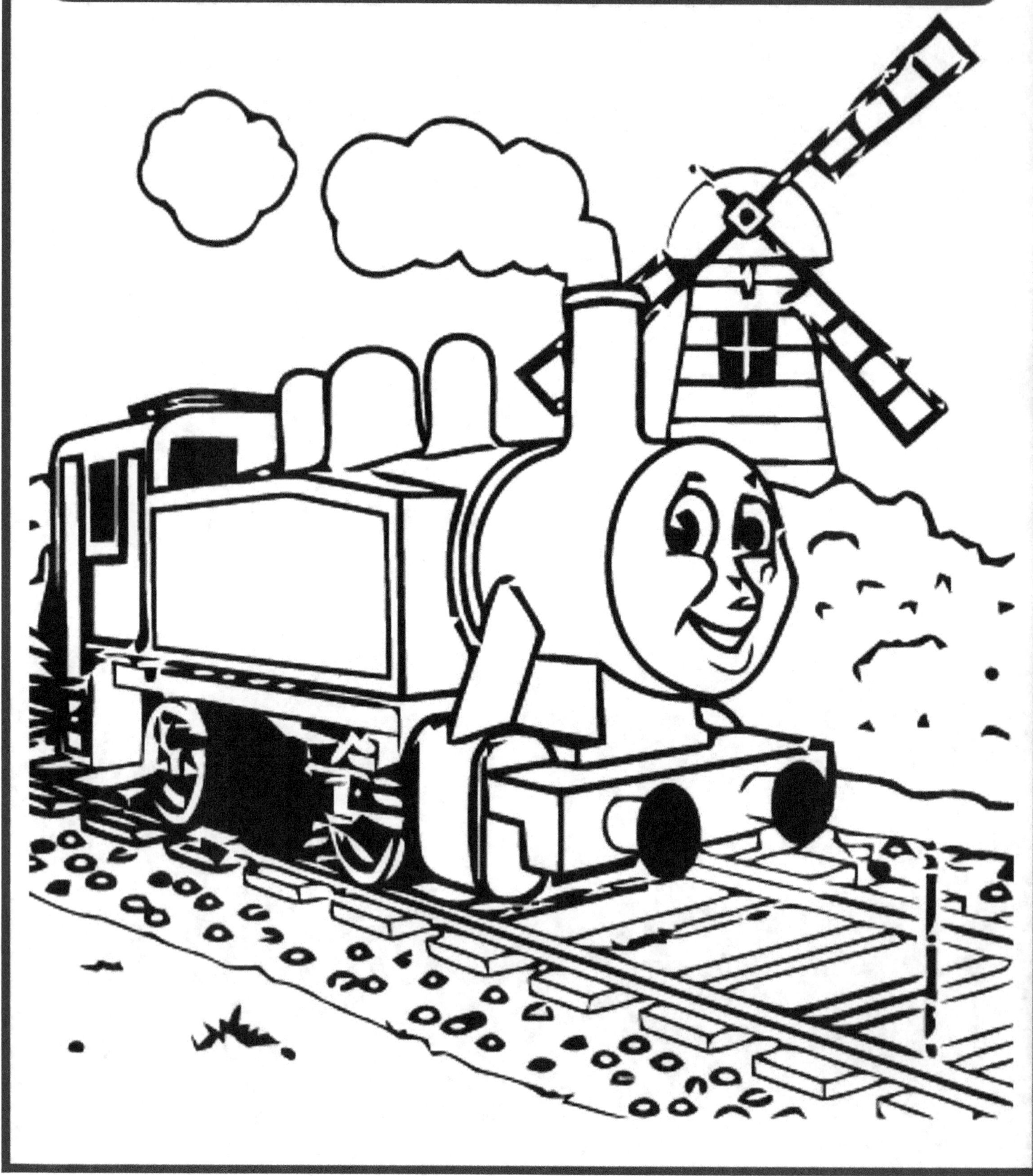

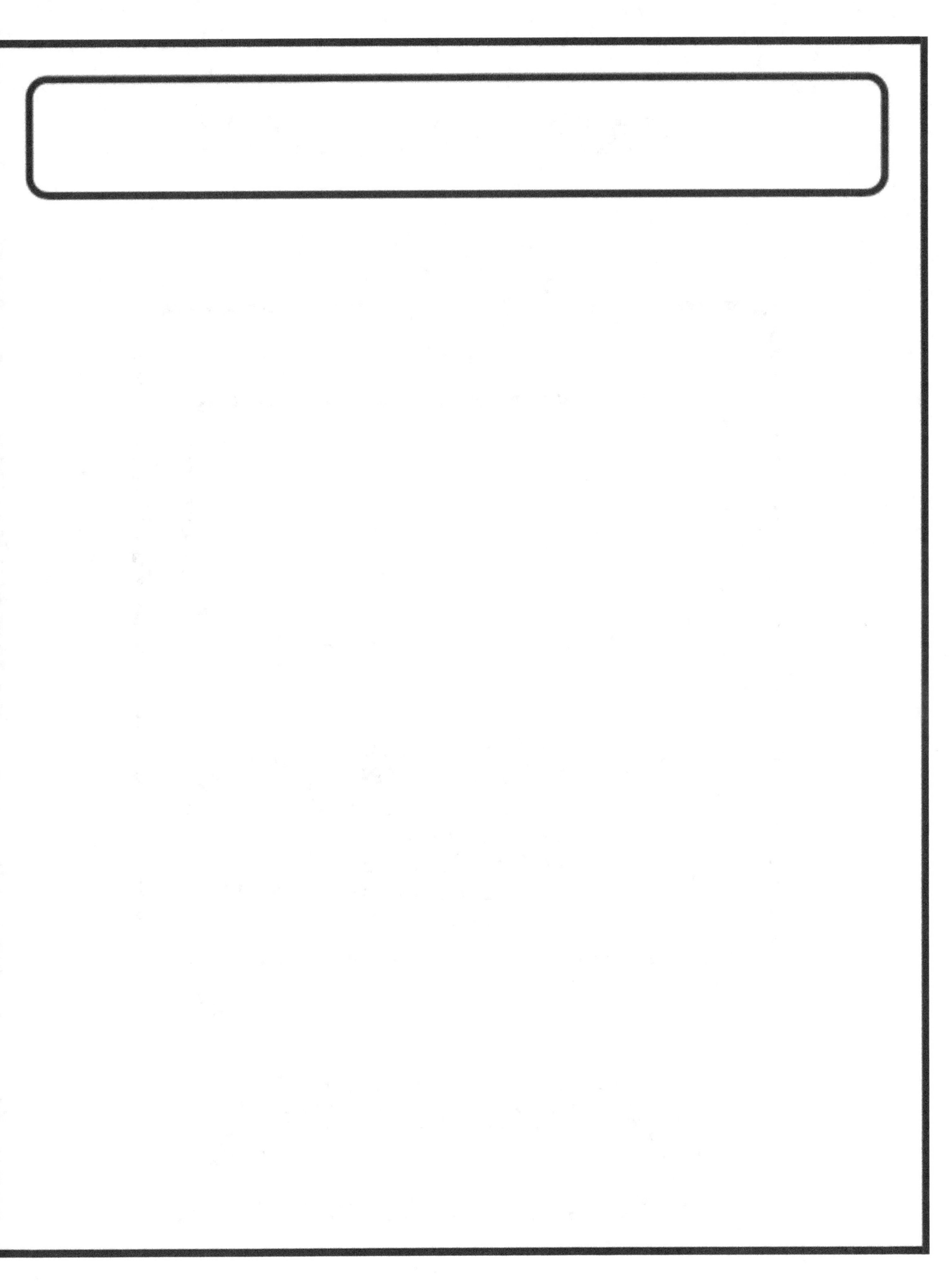

# TRAIN MALBUCH

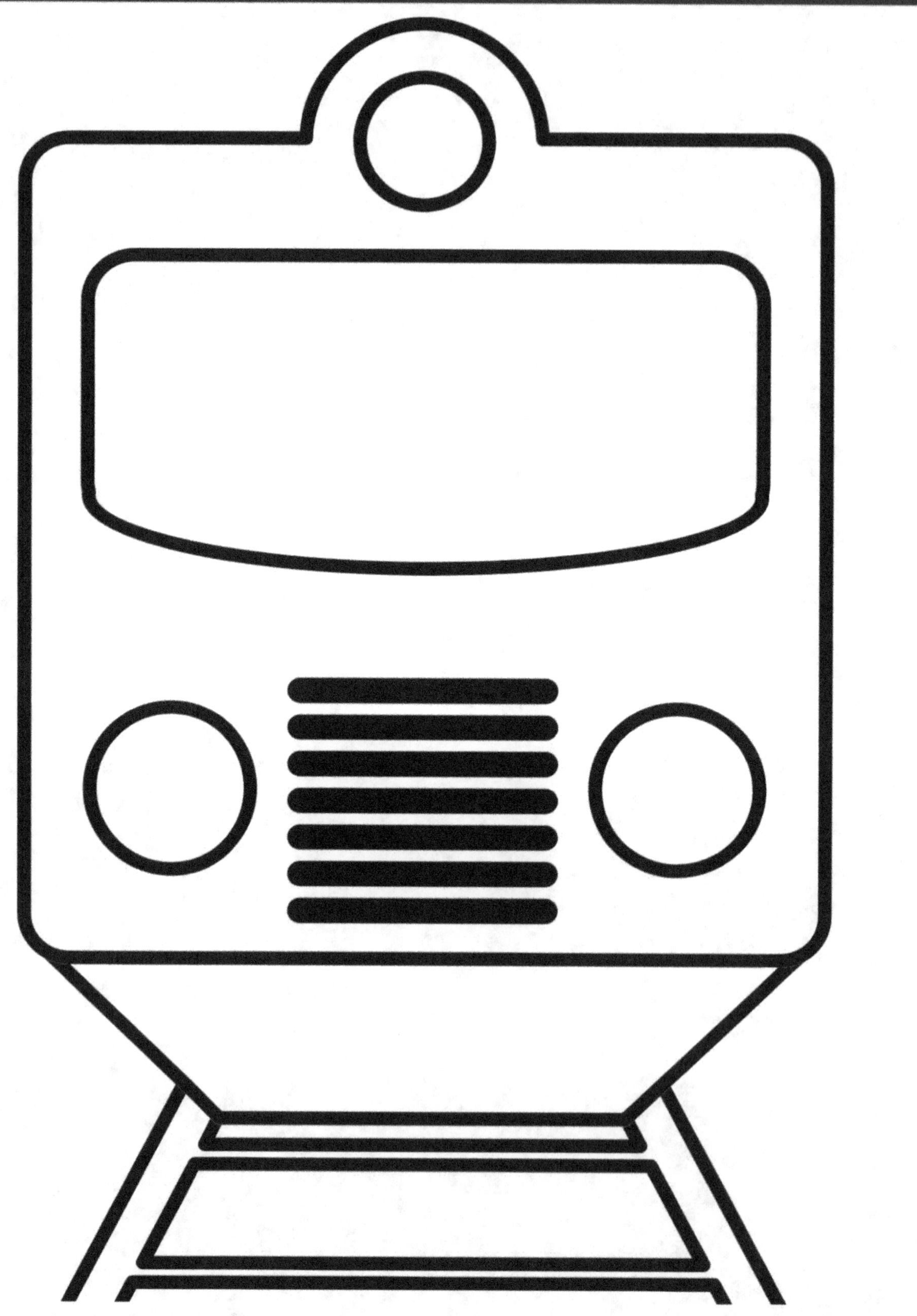

# TRAIN MALBUCH

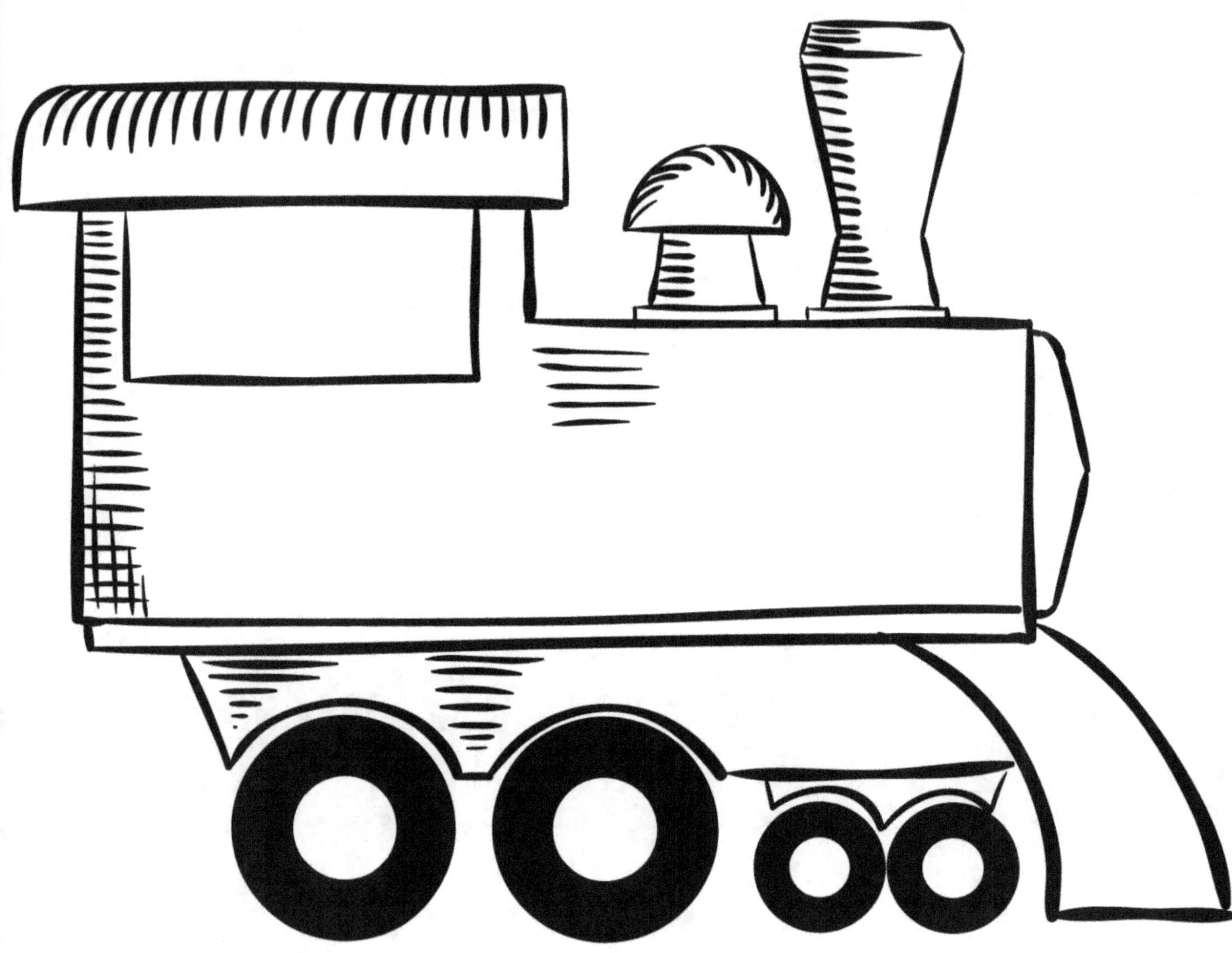

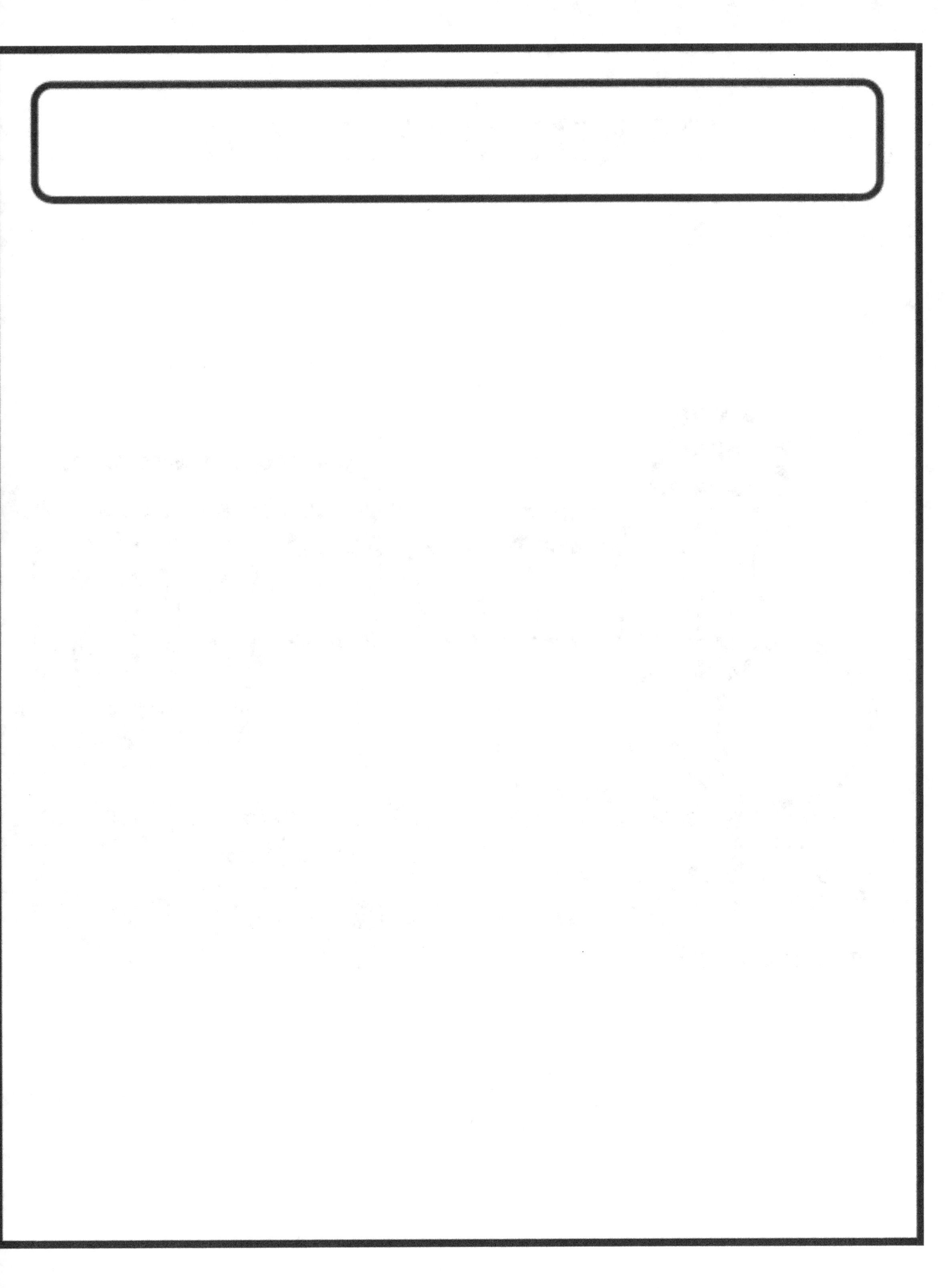

# TRAIN MALBUCH

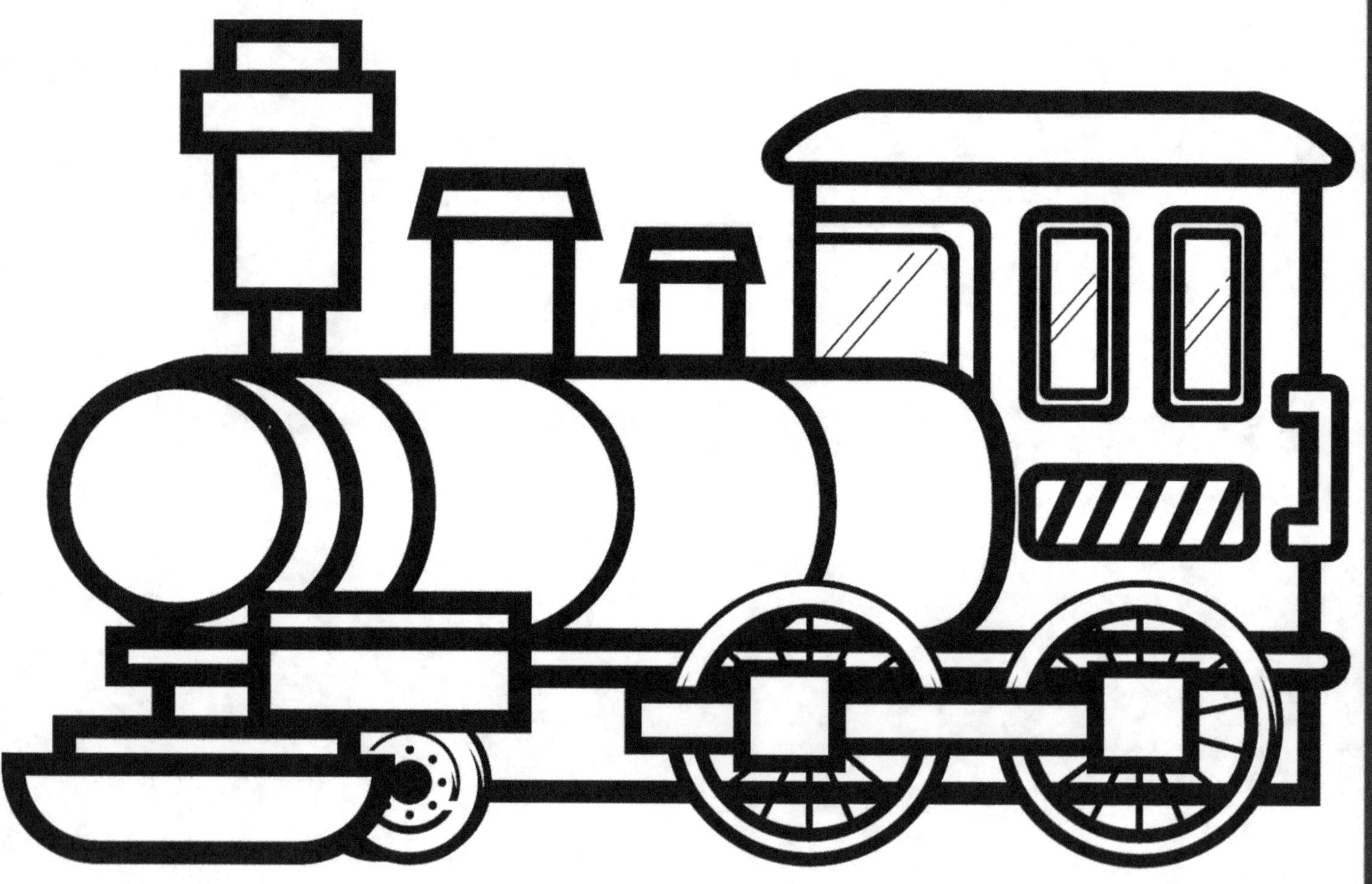

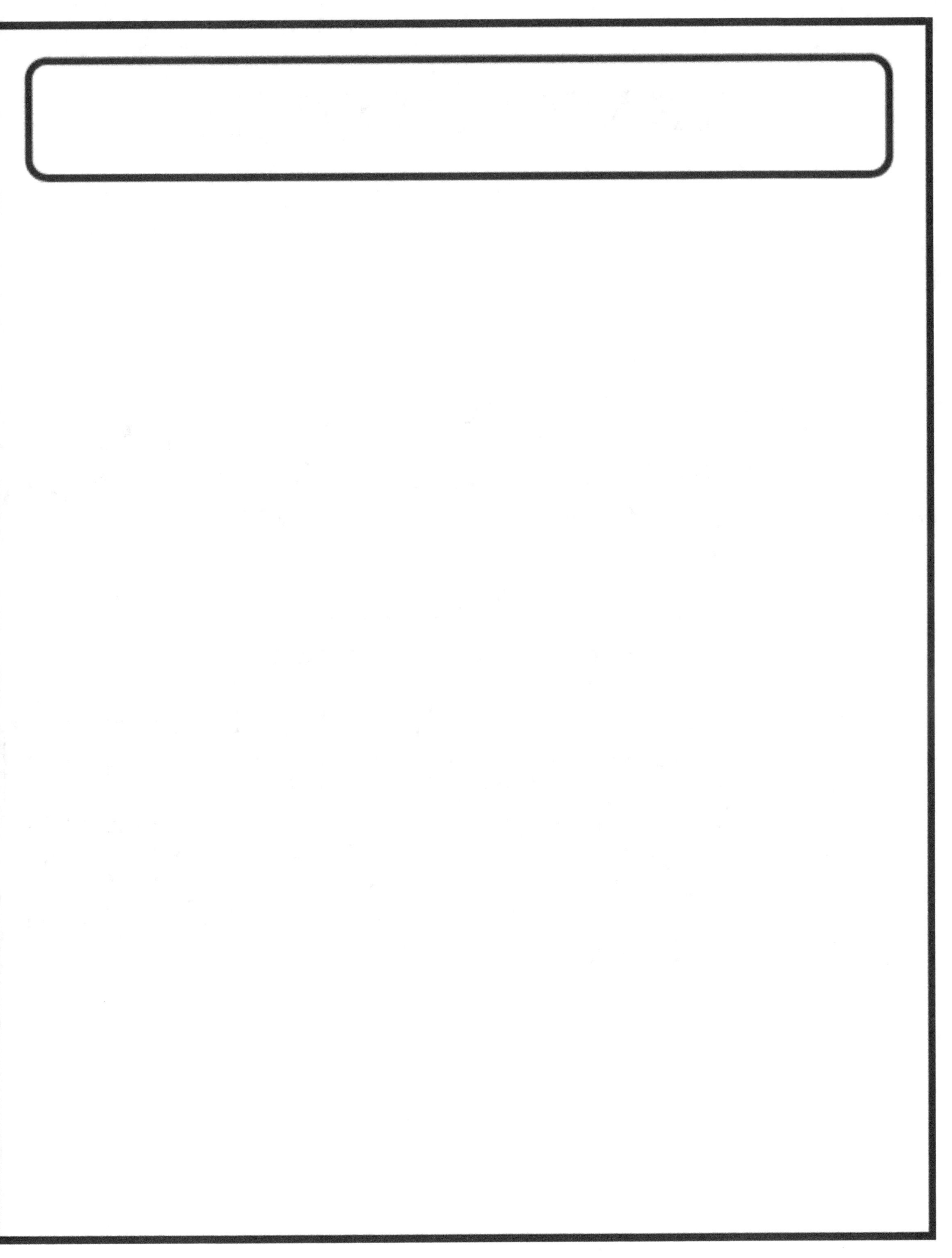

# TRAIN MALBUCH

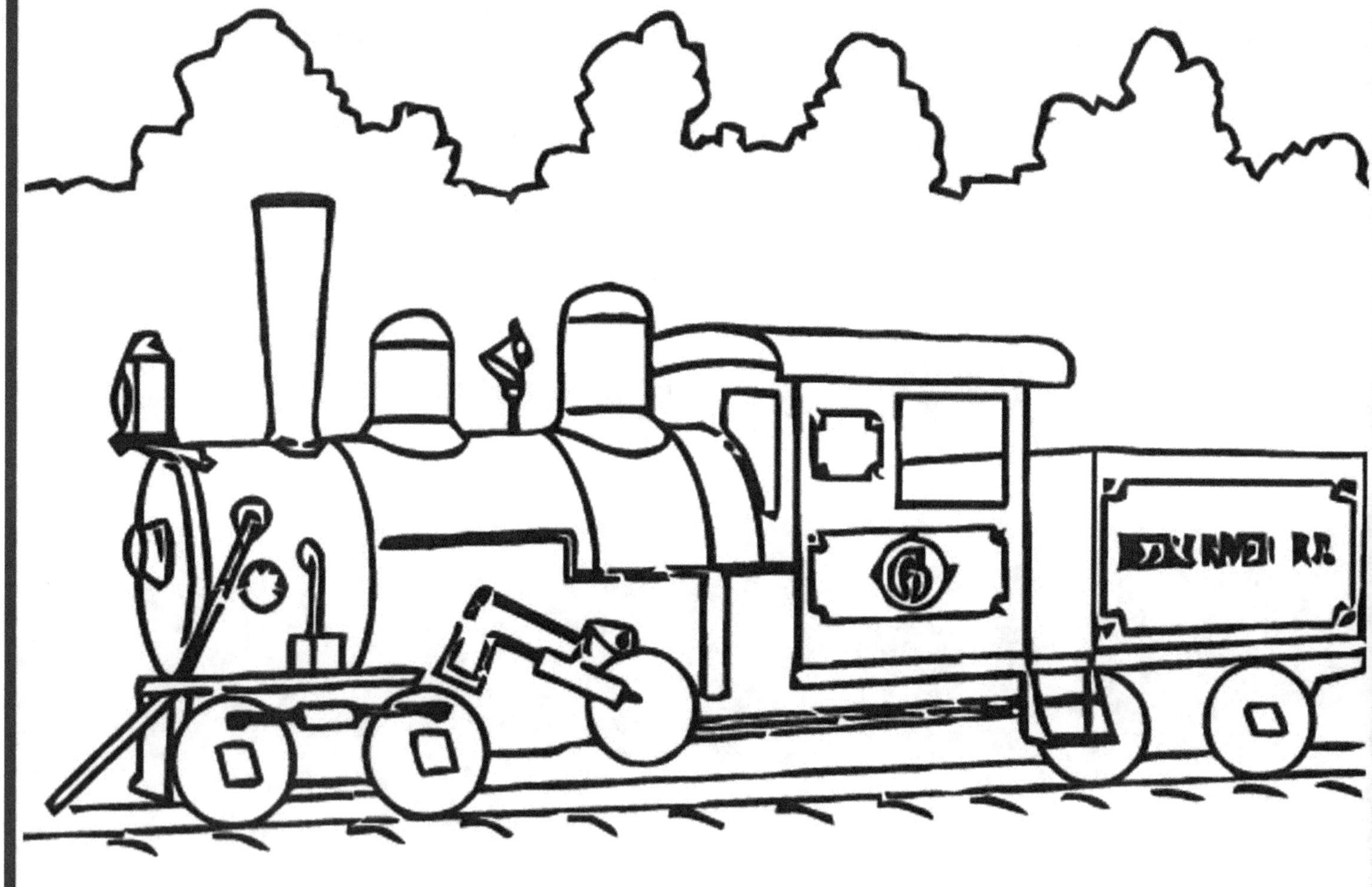

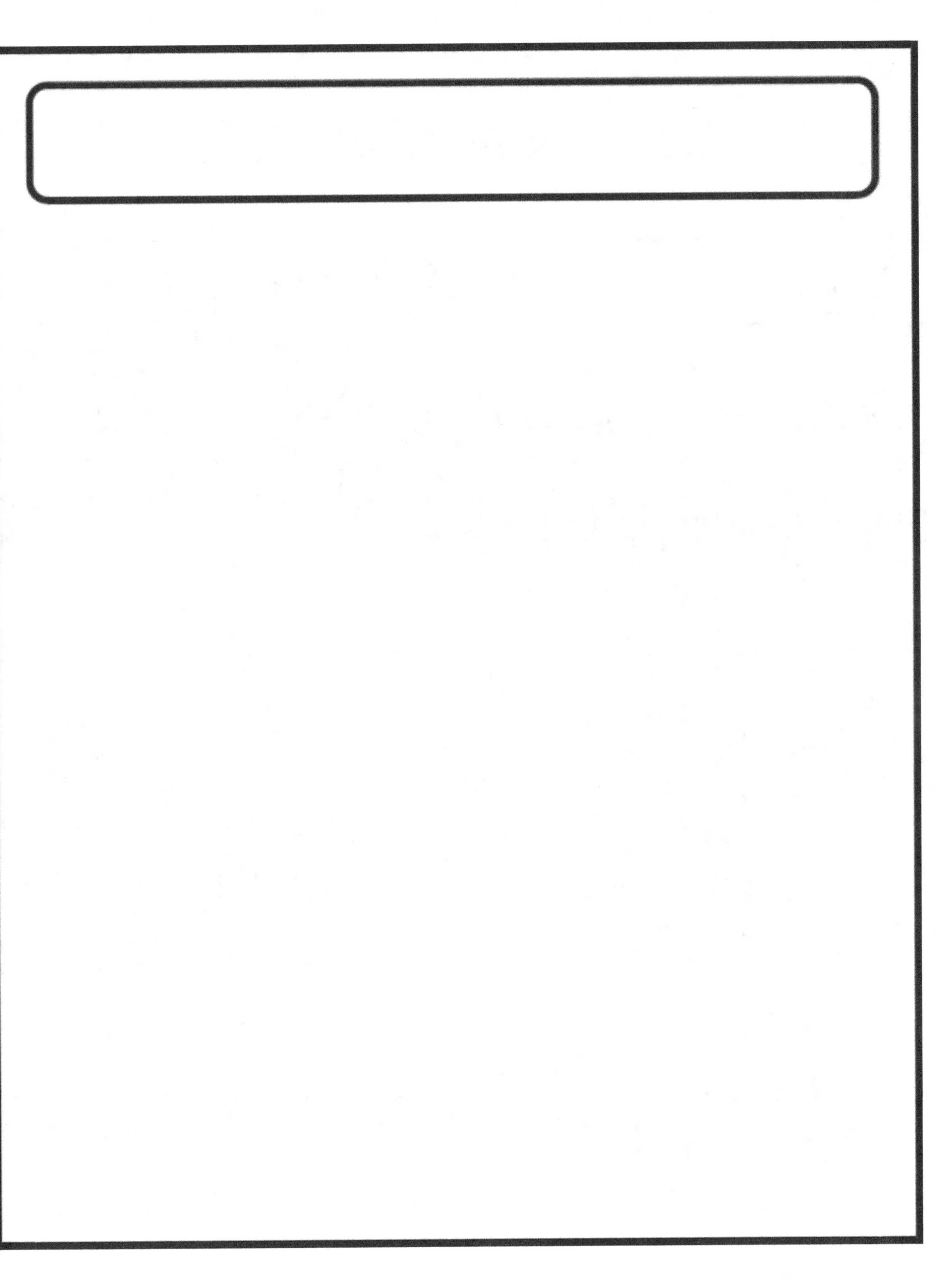

# TRAIN MALBUCH

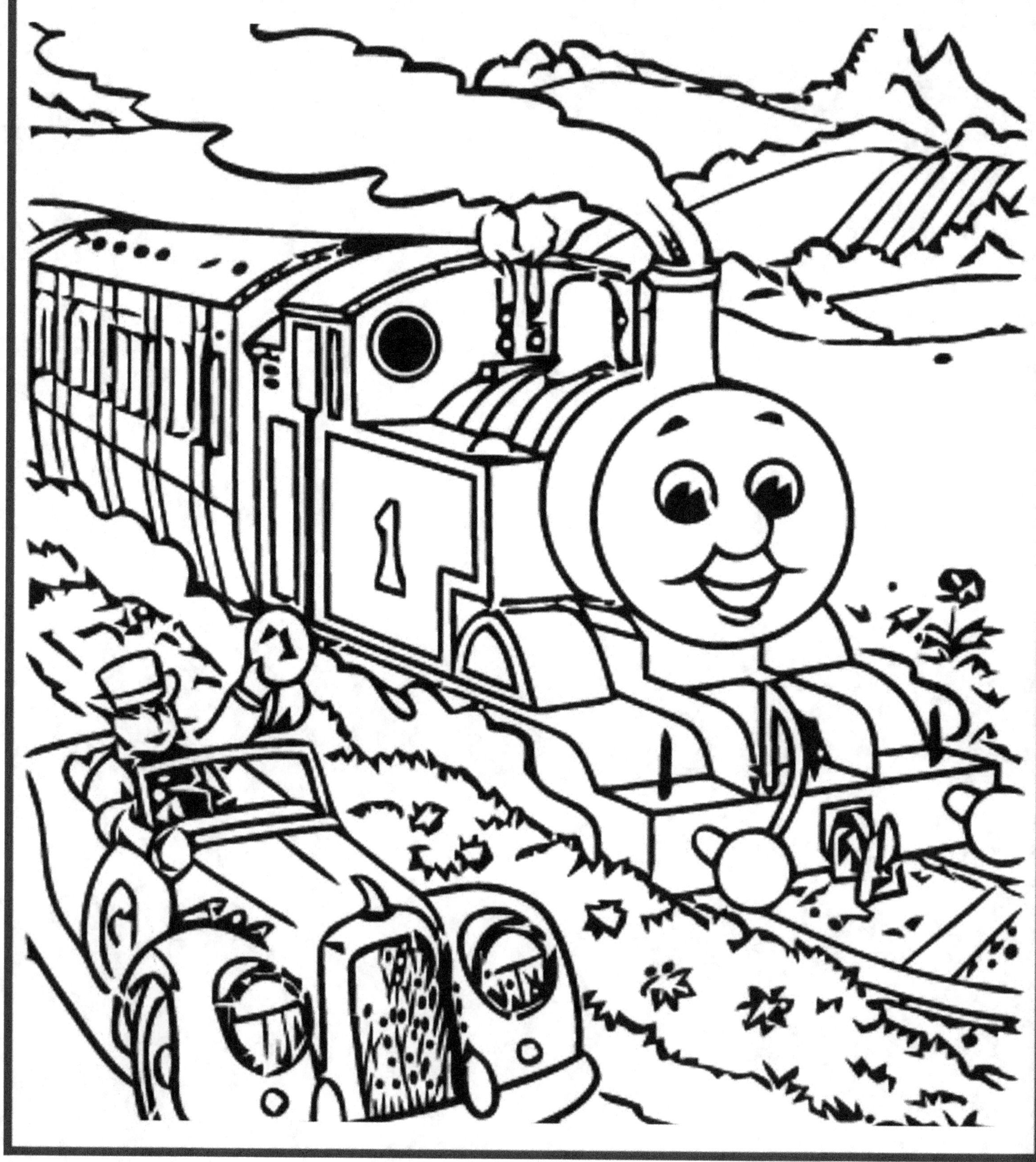

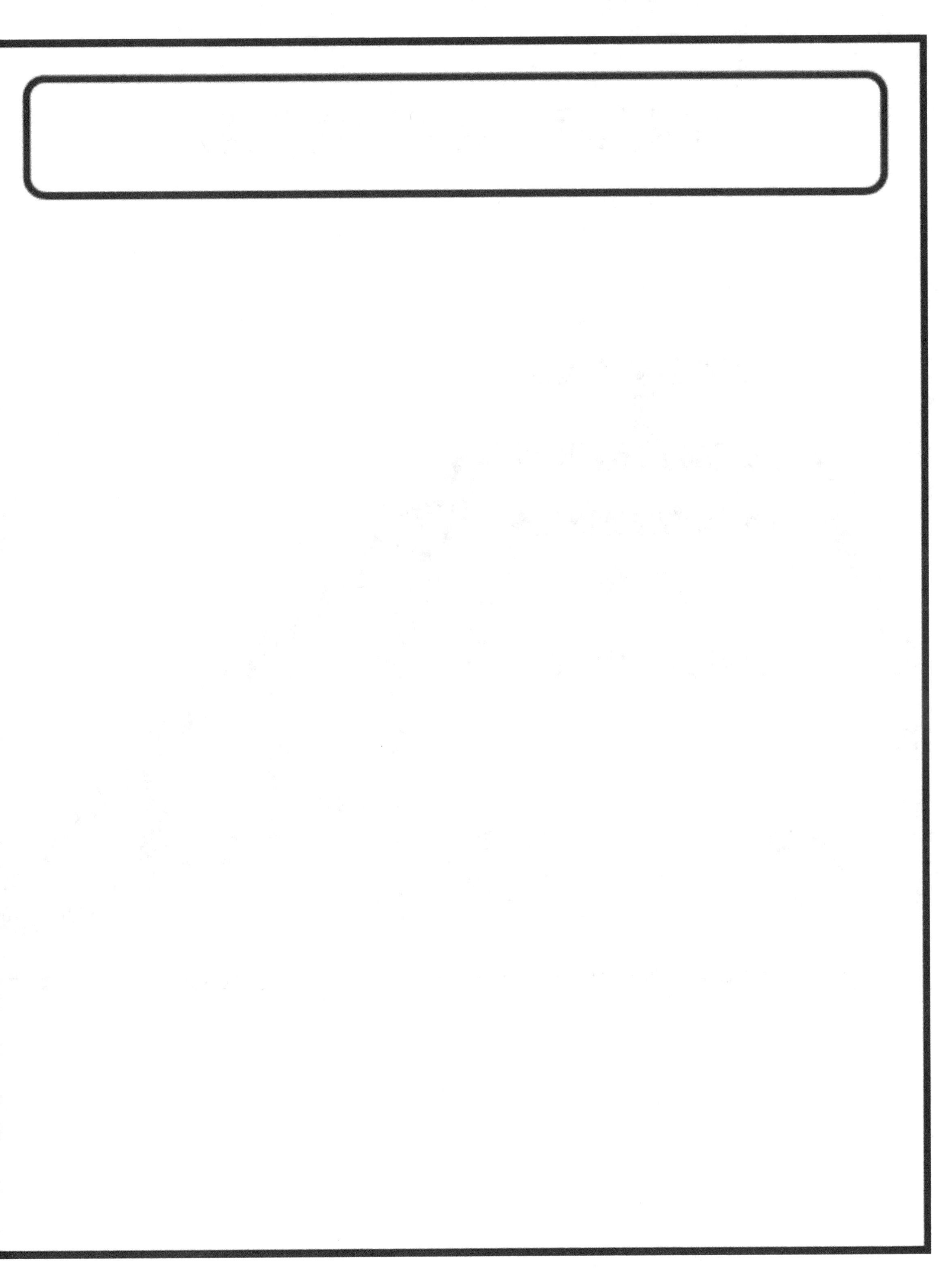

# TRAIN MALBUCH

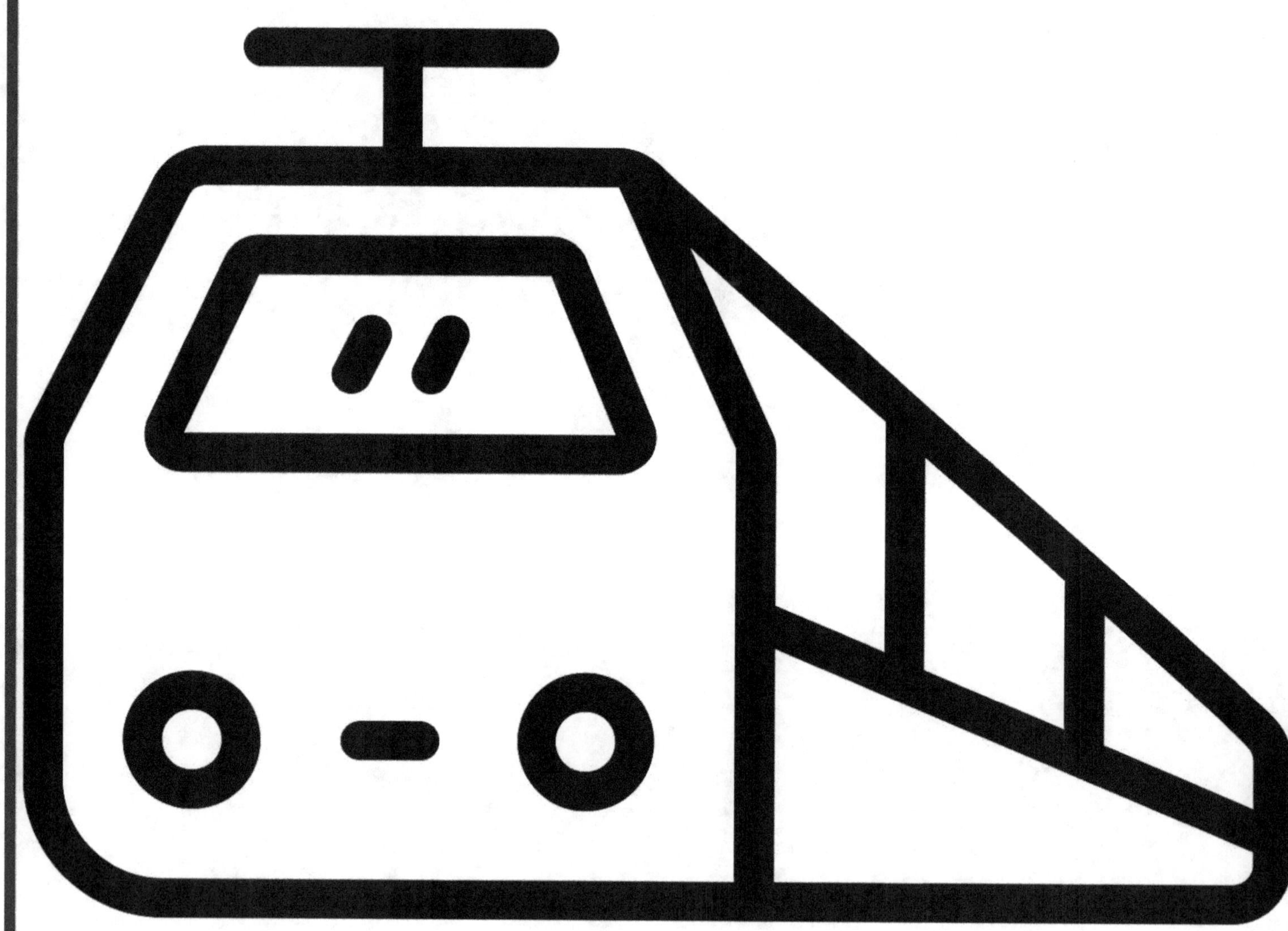

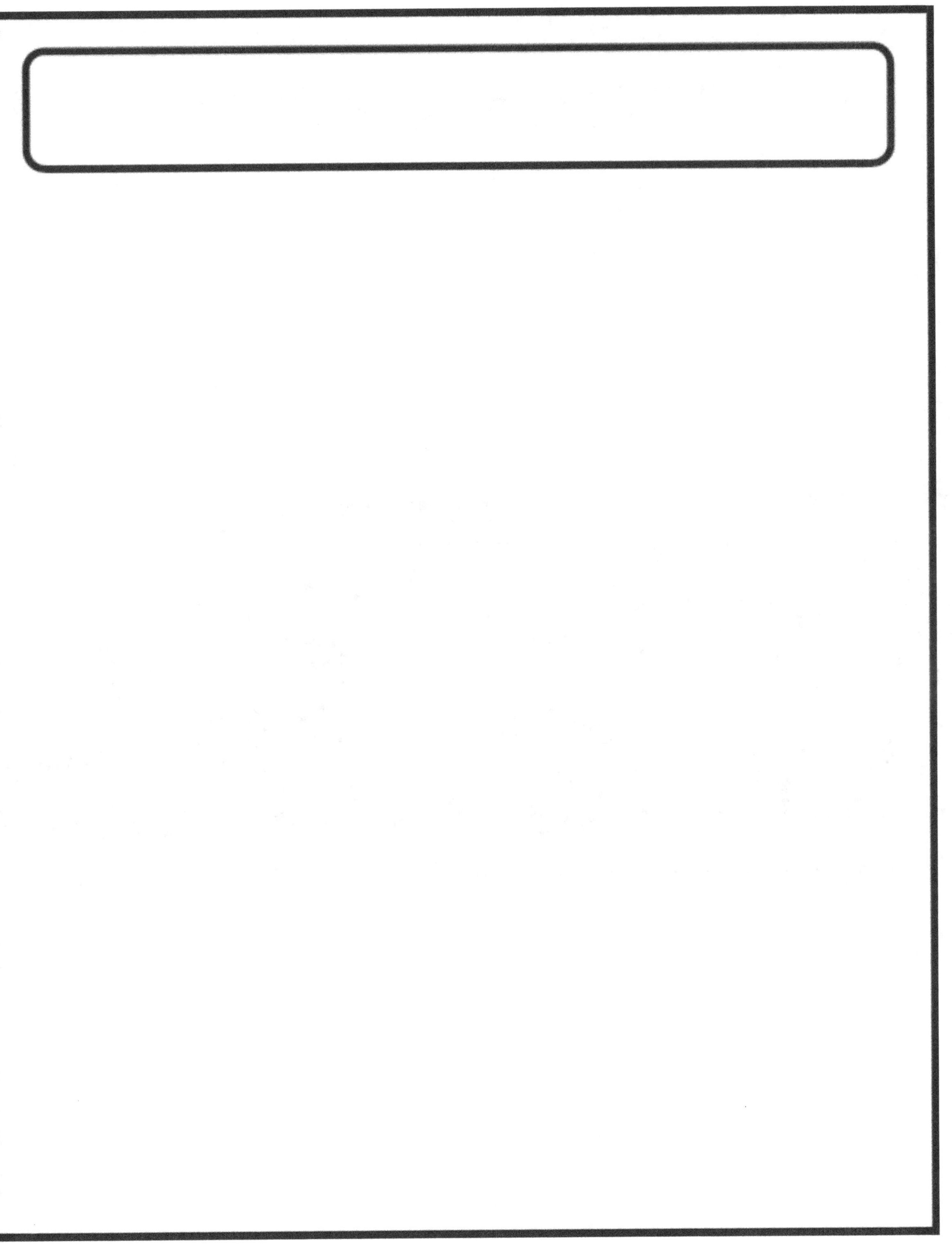

# TRAIN MALBUCH

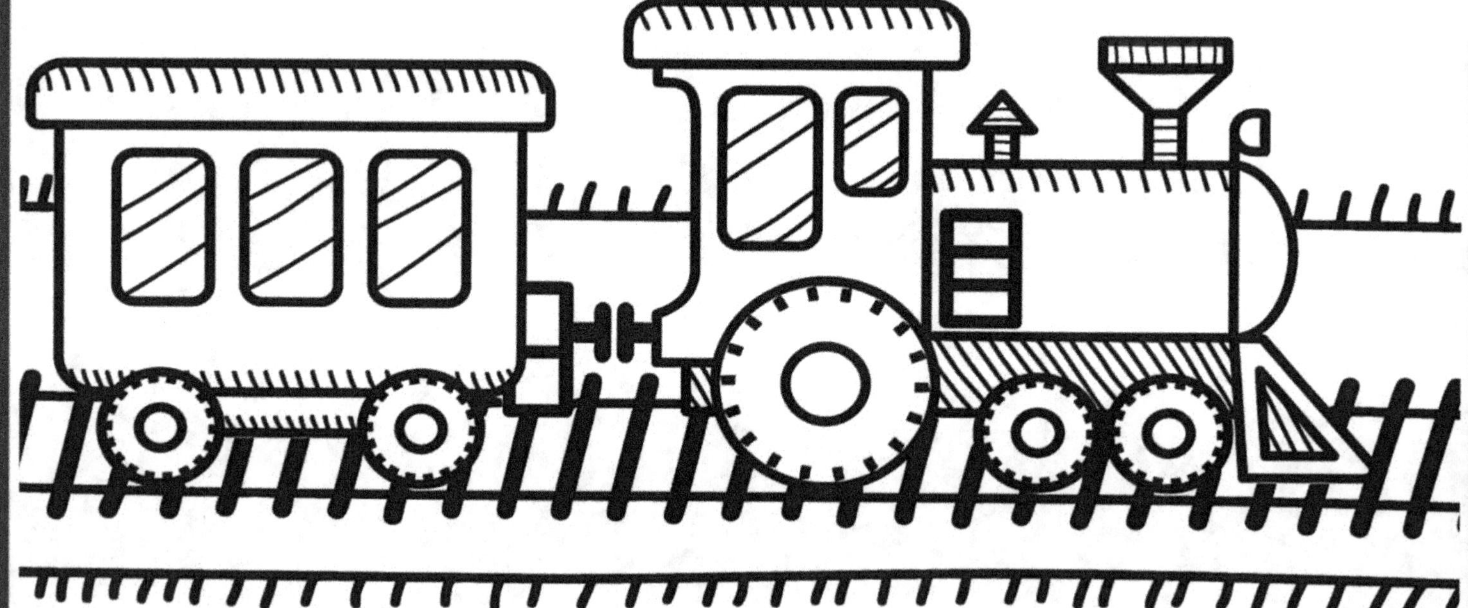

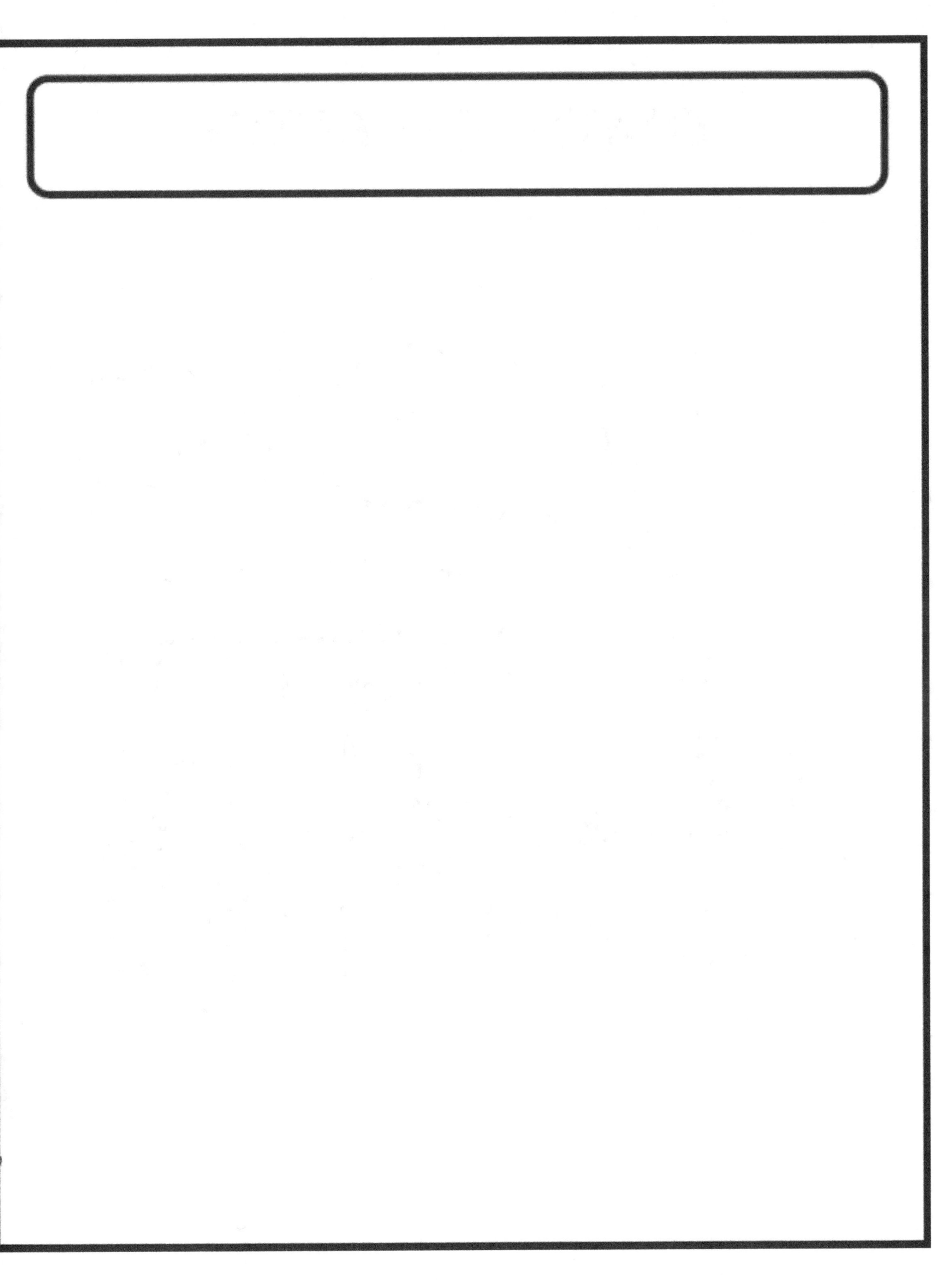

# TRAIN MALBUCH

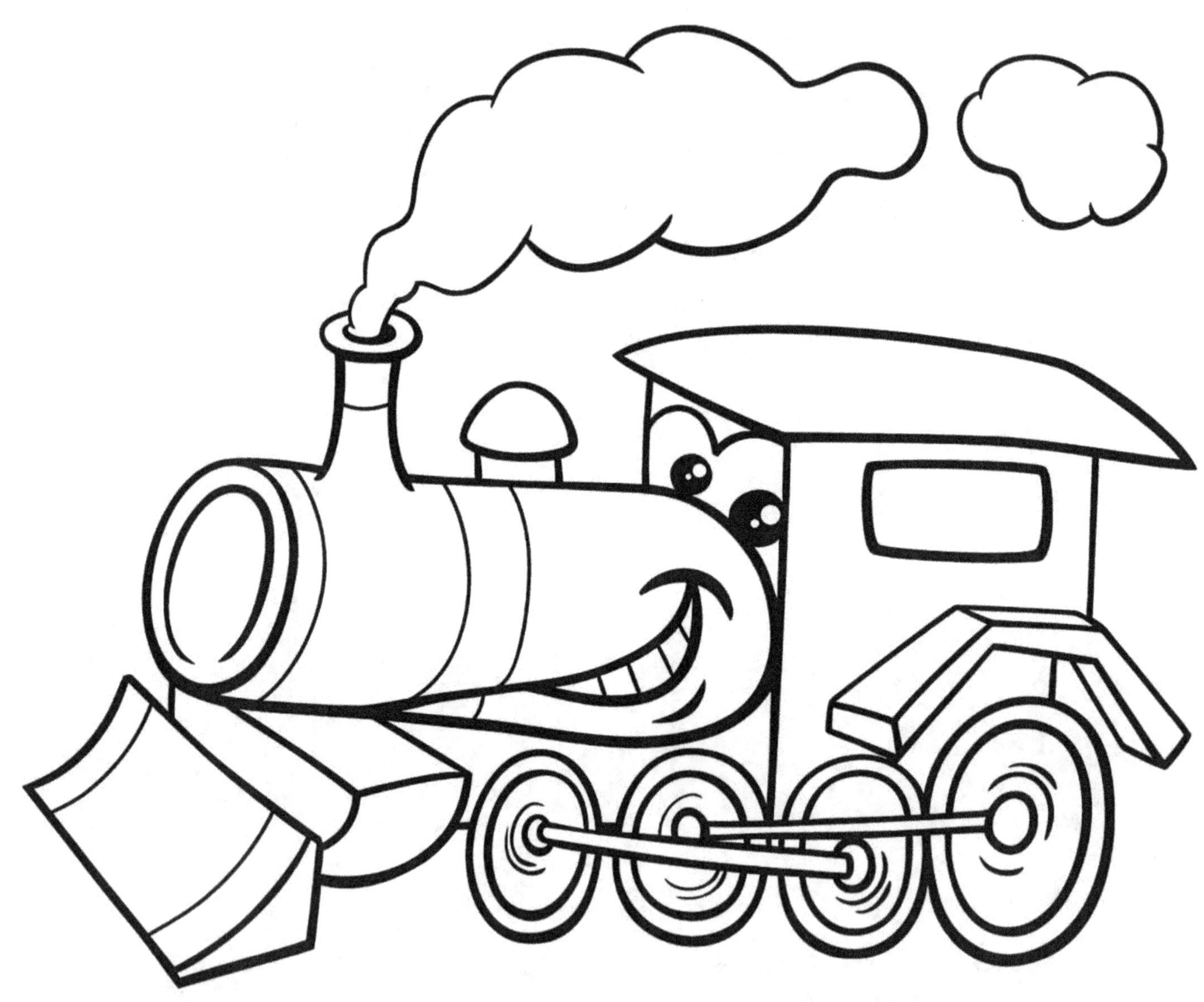

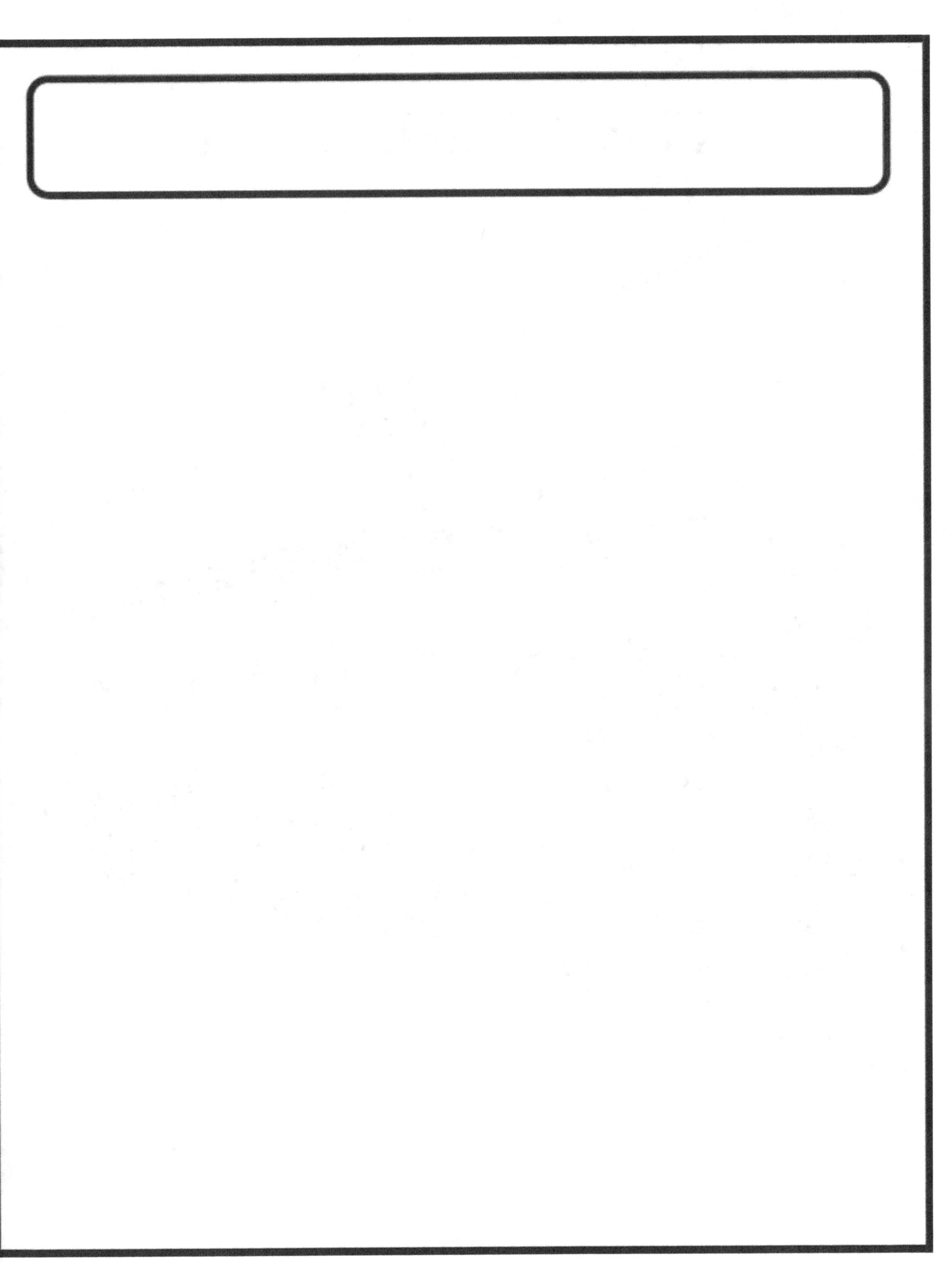

# TRAIN MALBUCH

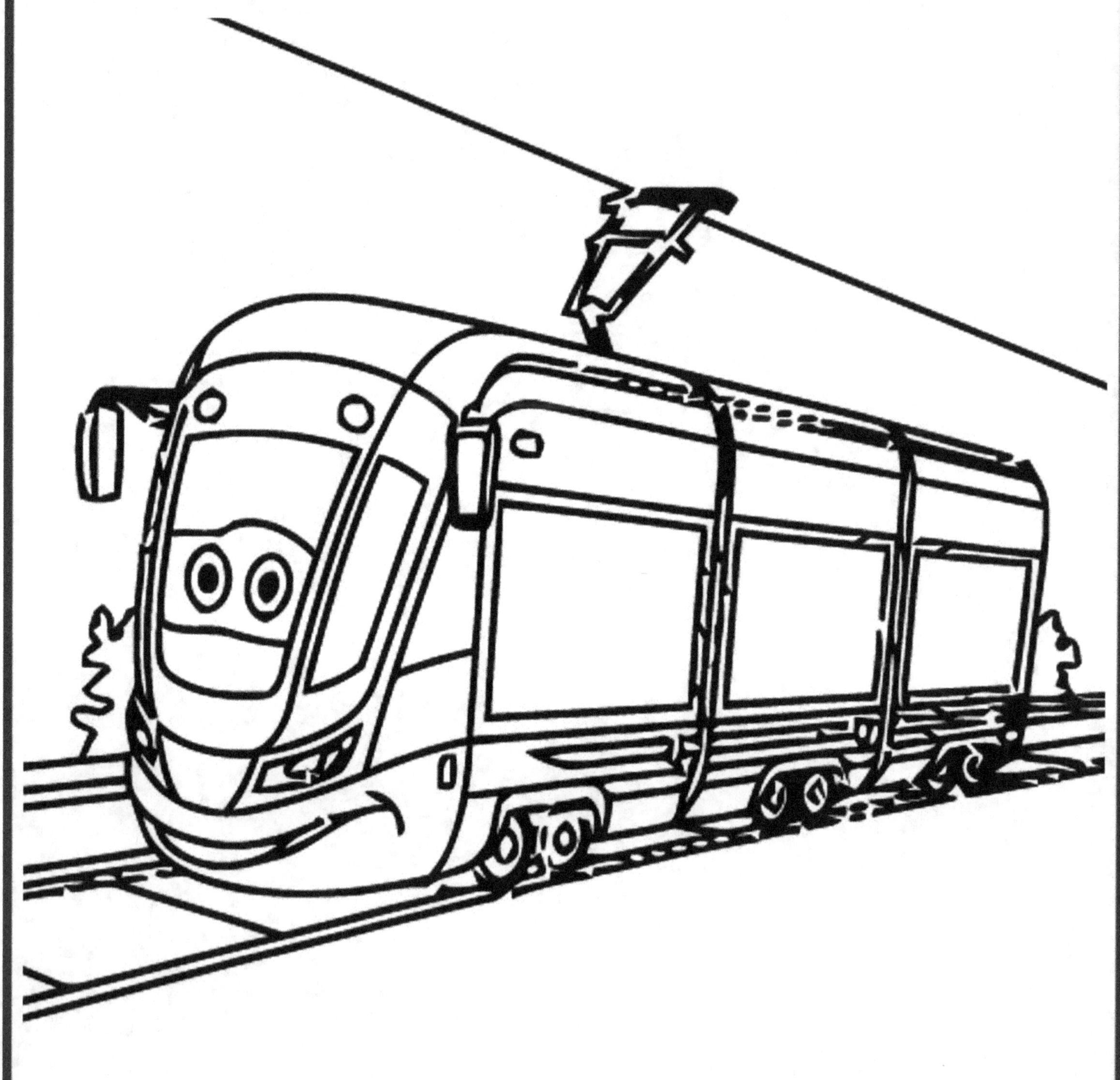

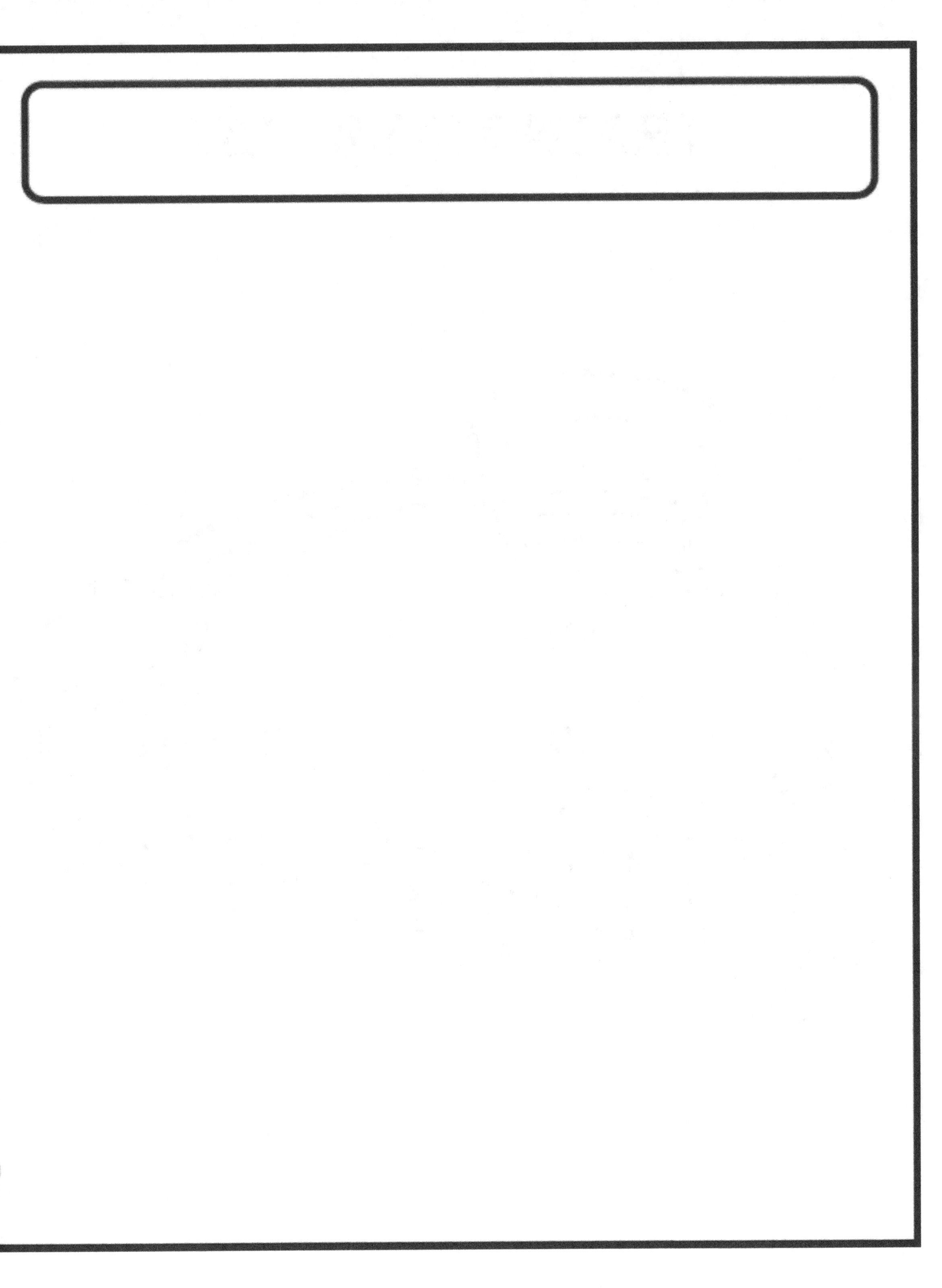

# TRAIN MALBUCH

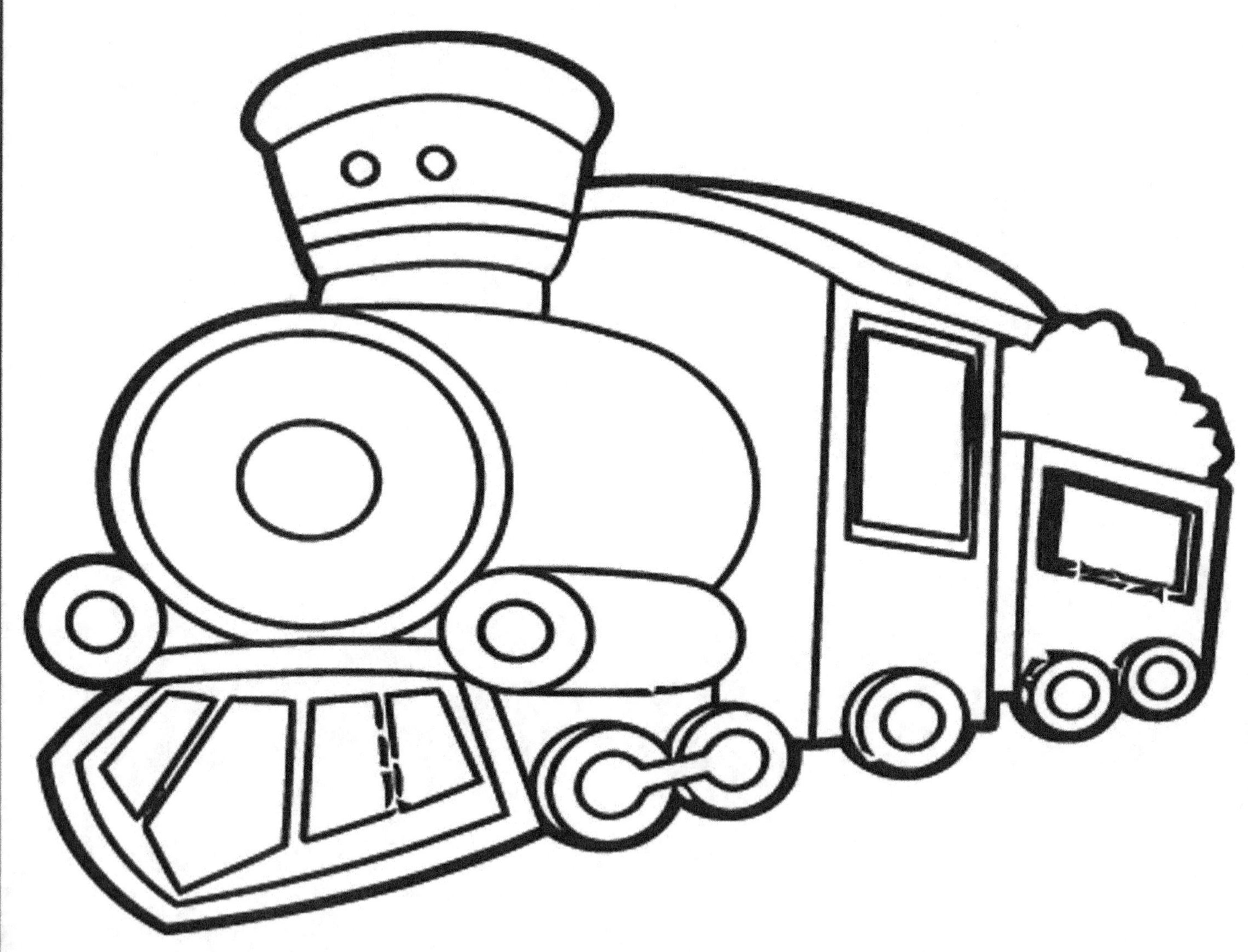

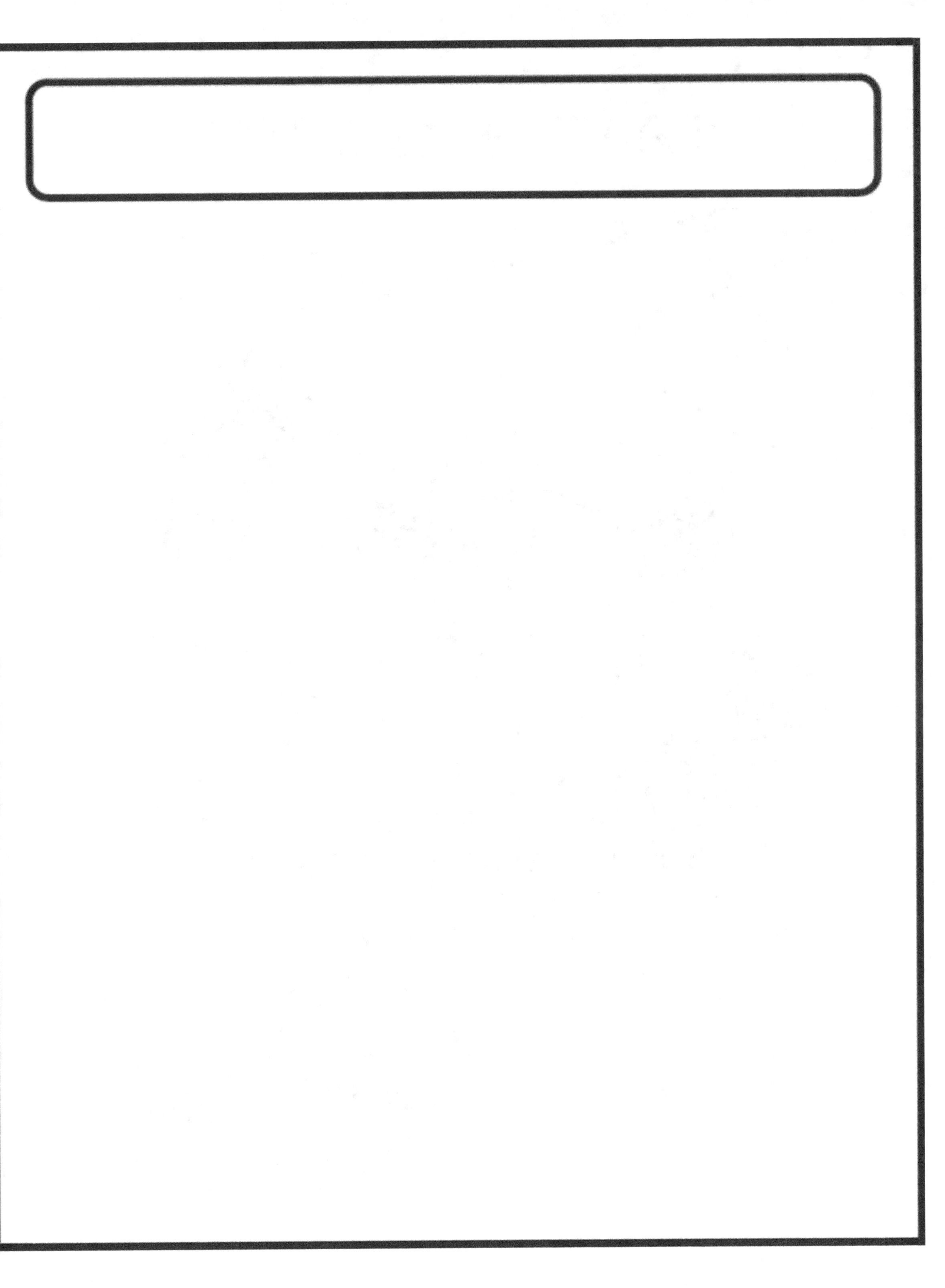

# TRAIN MALBUCH

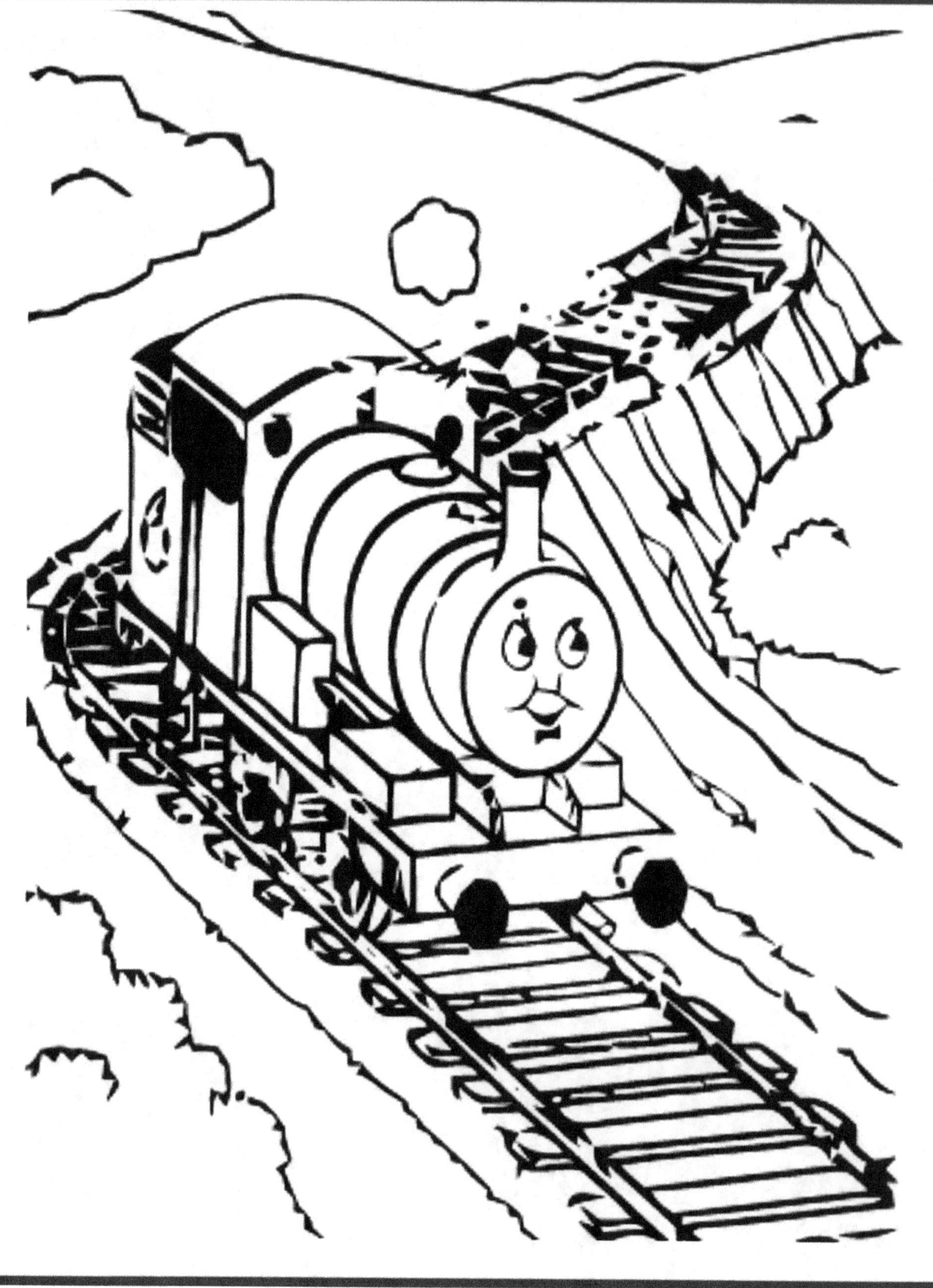

# TRAIN MALBUCH

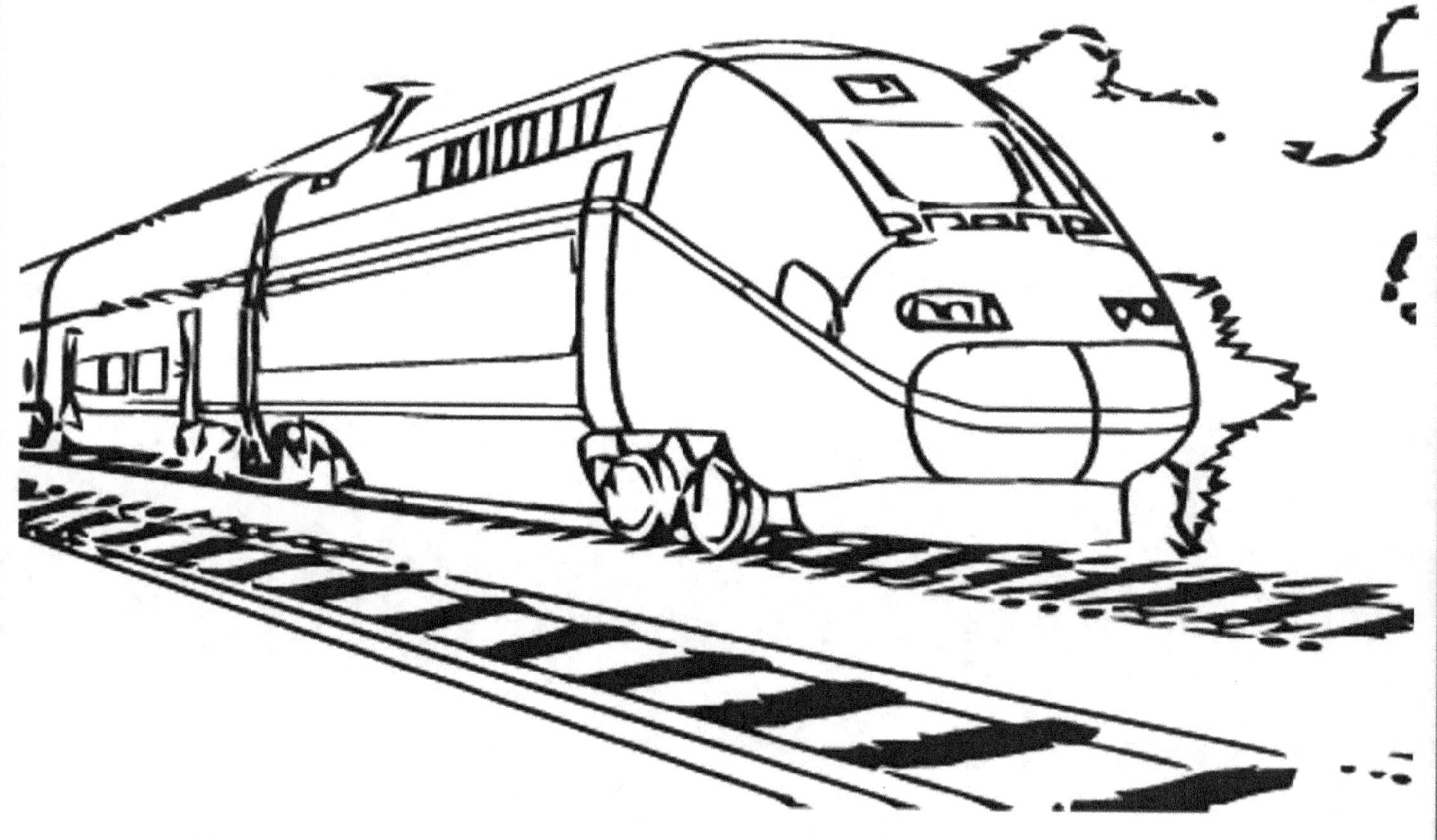

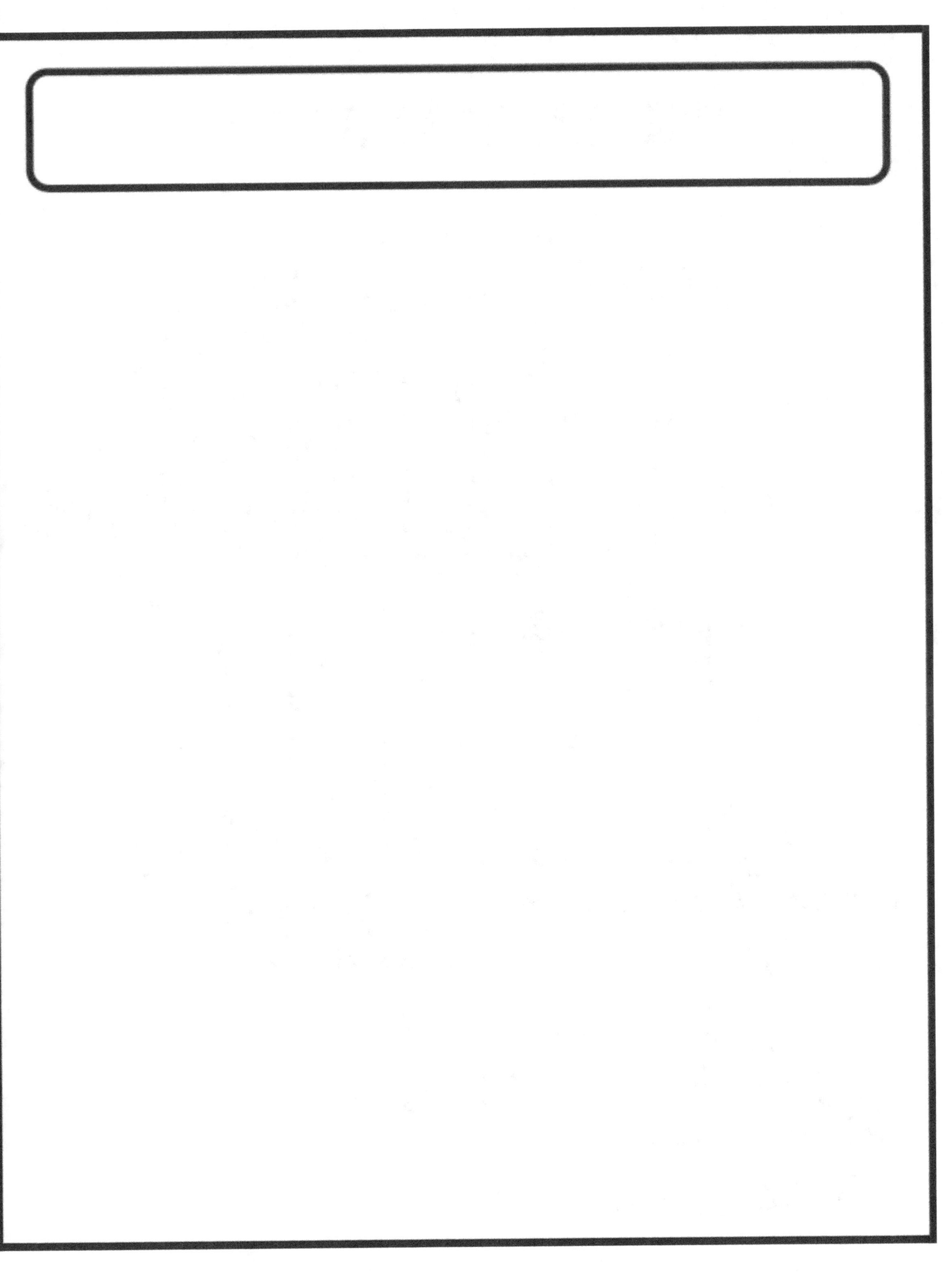

# TRAIN MALBUCH

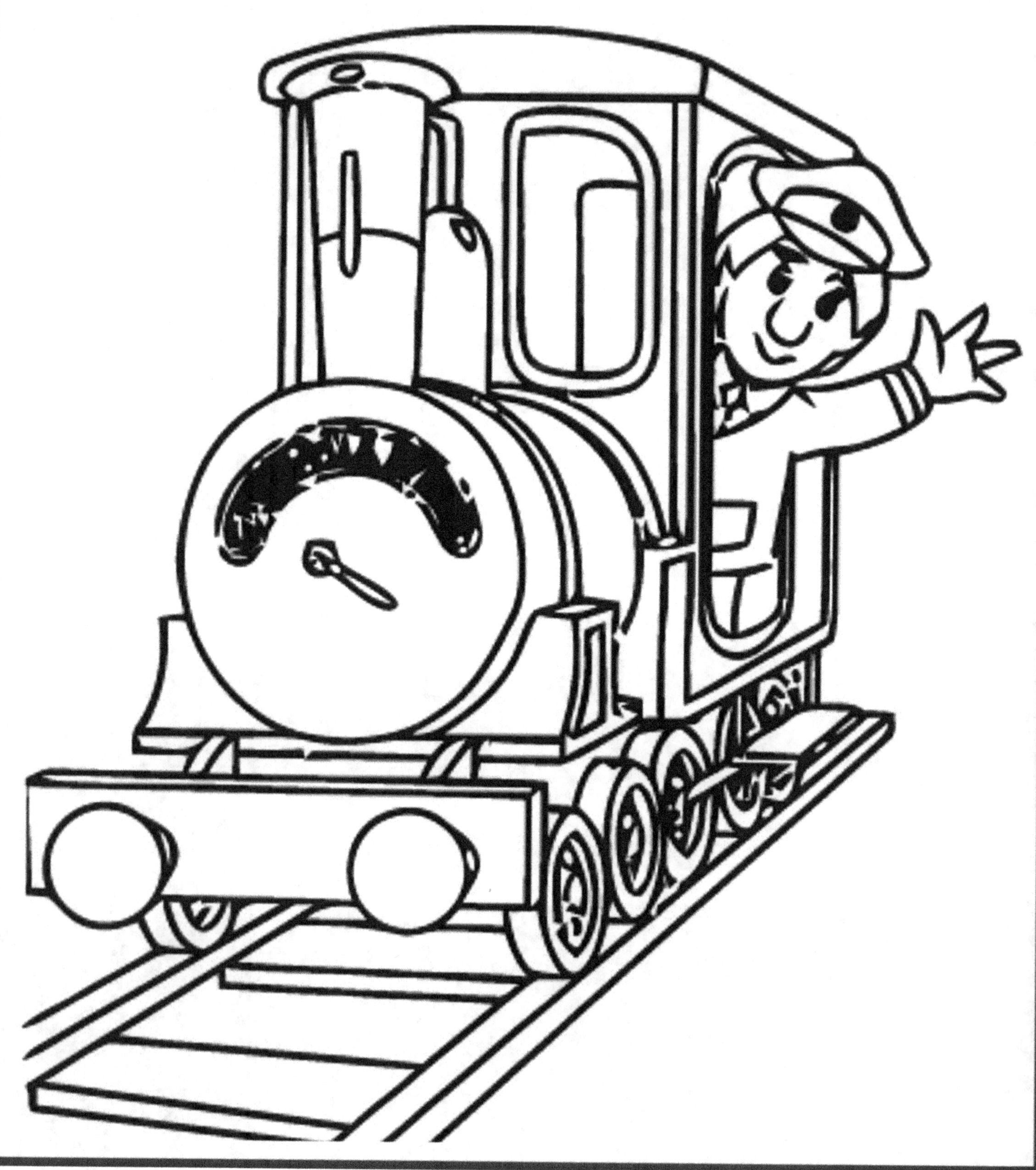

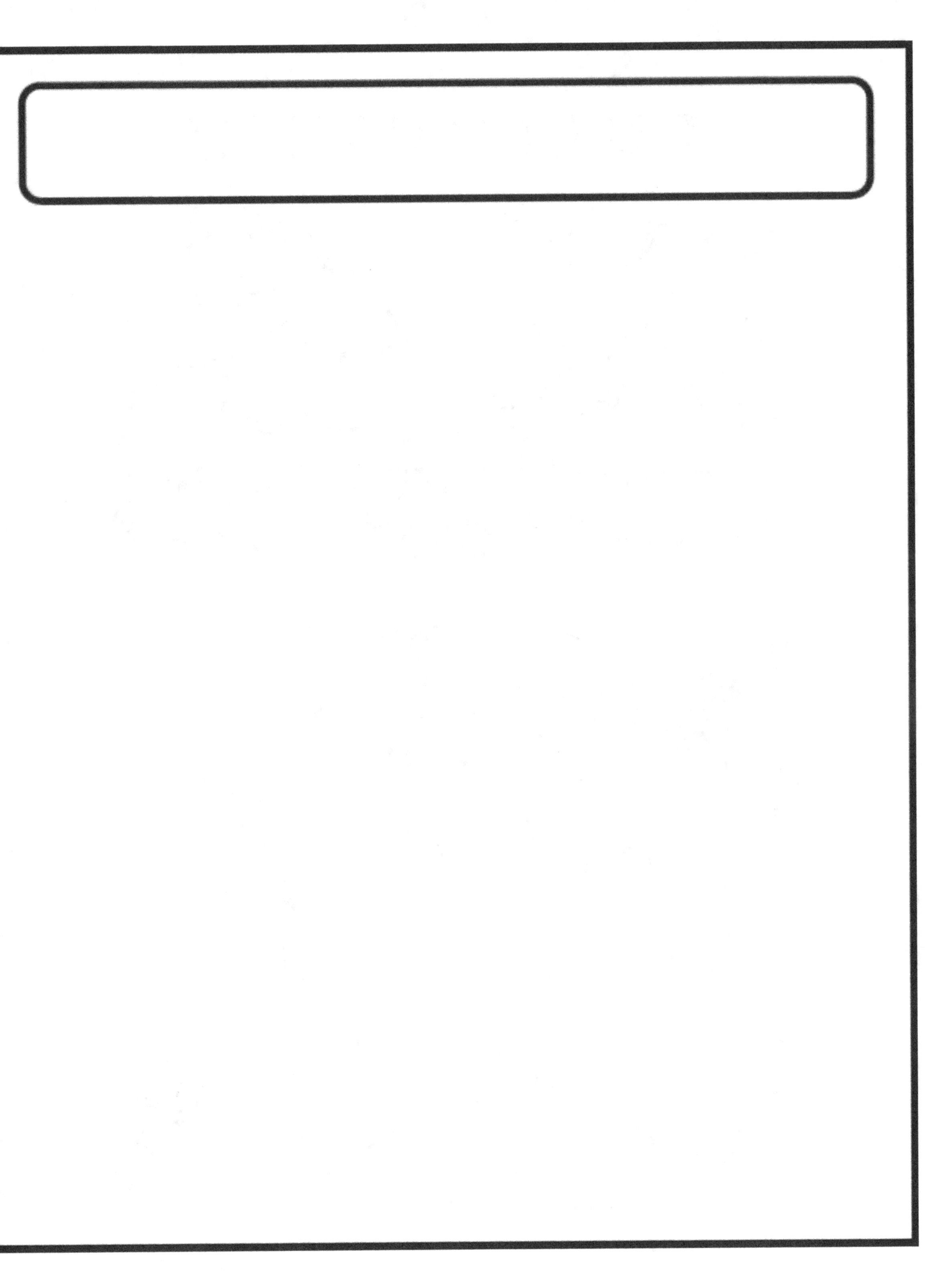

# TRAIN MALBUCH

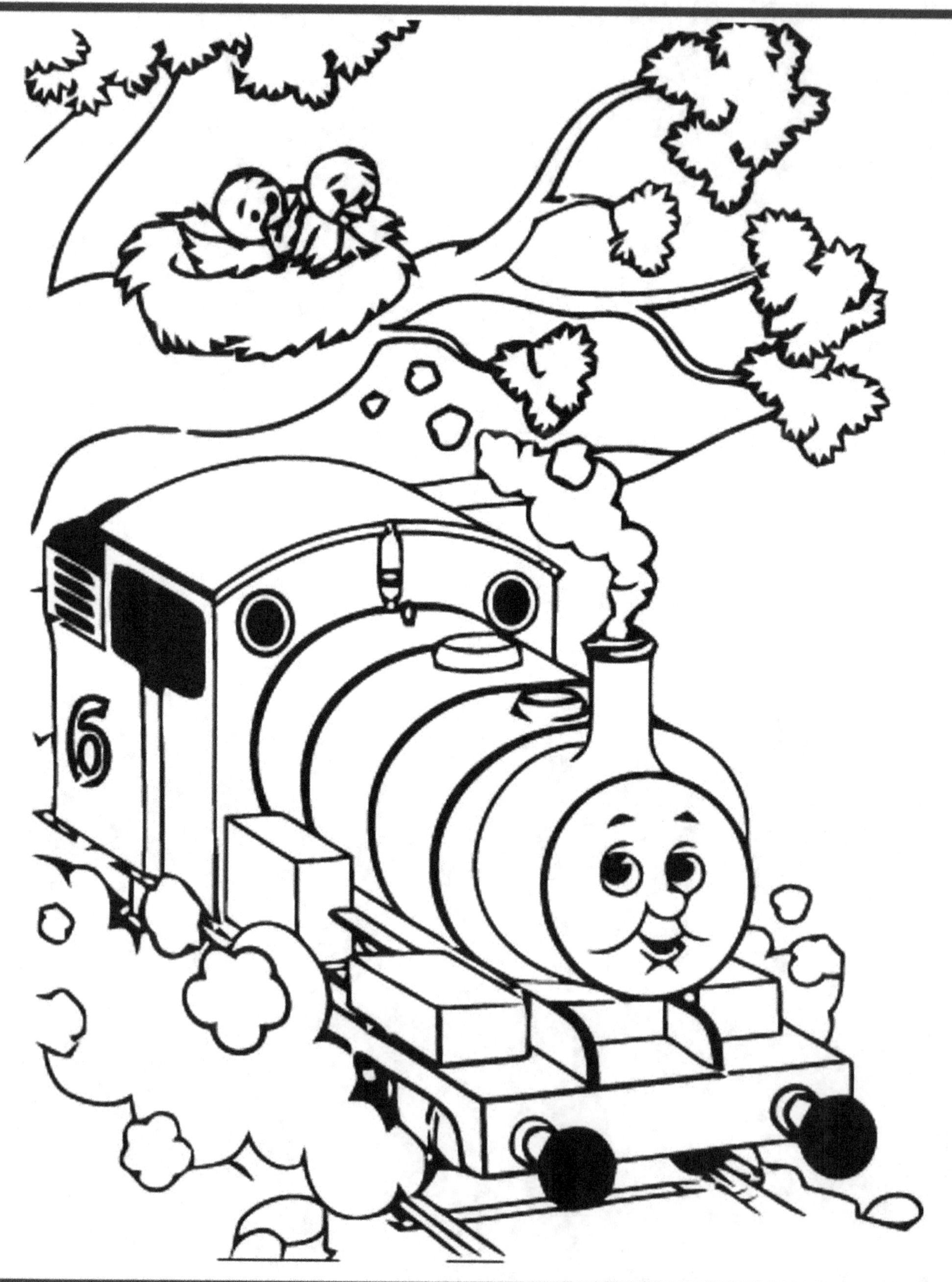

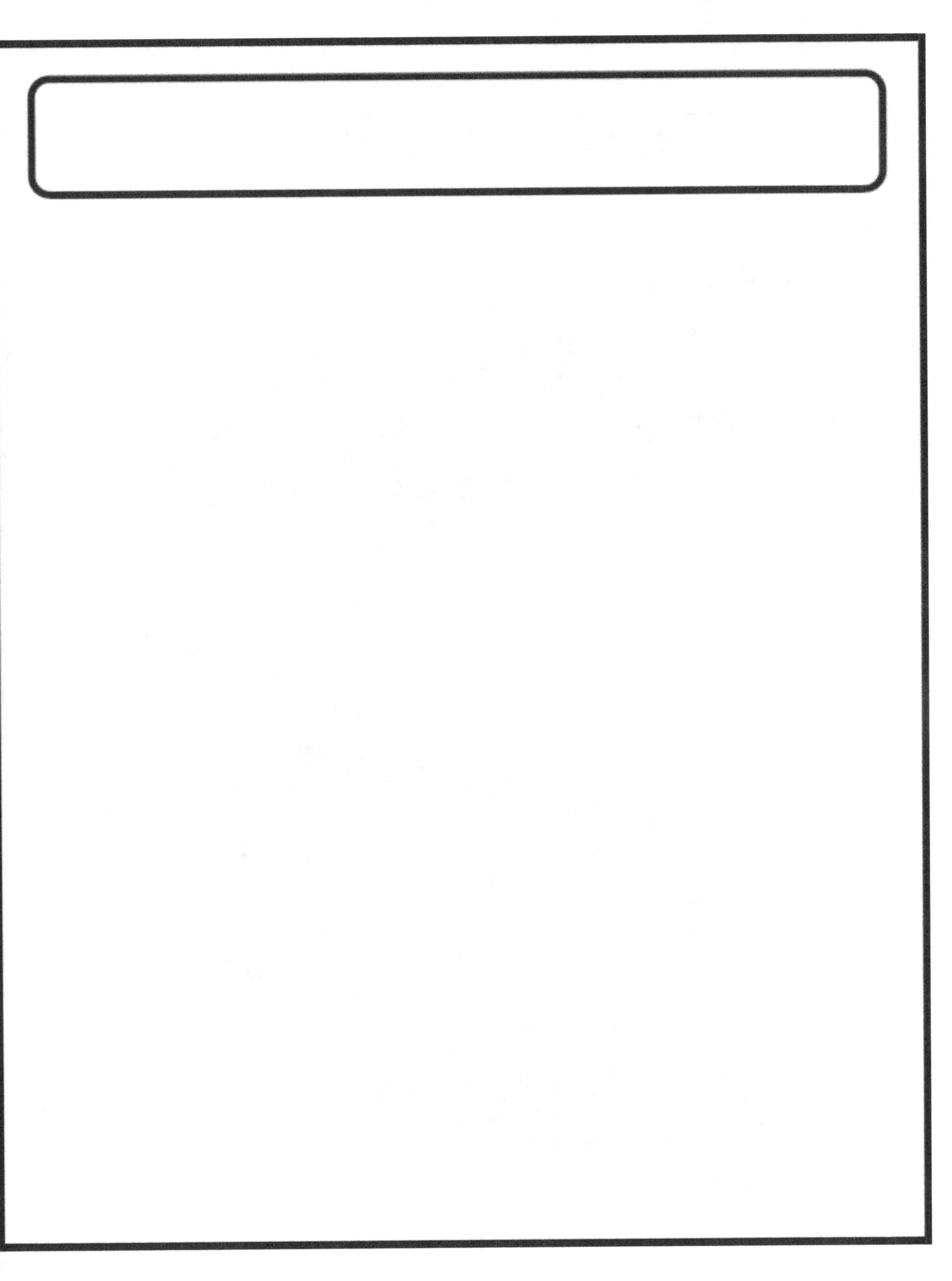

# TRAIN MALBUCH

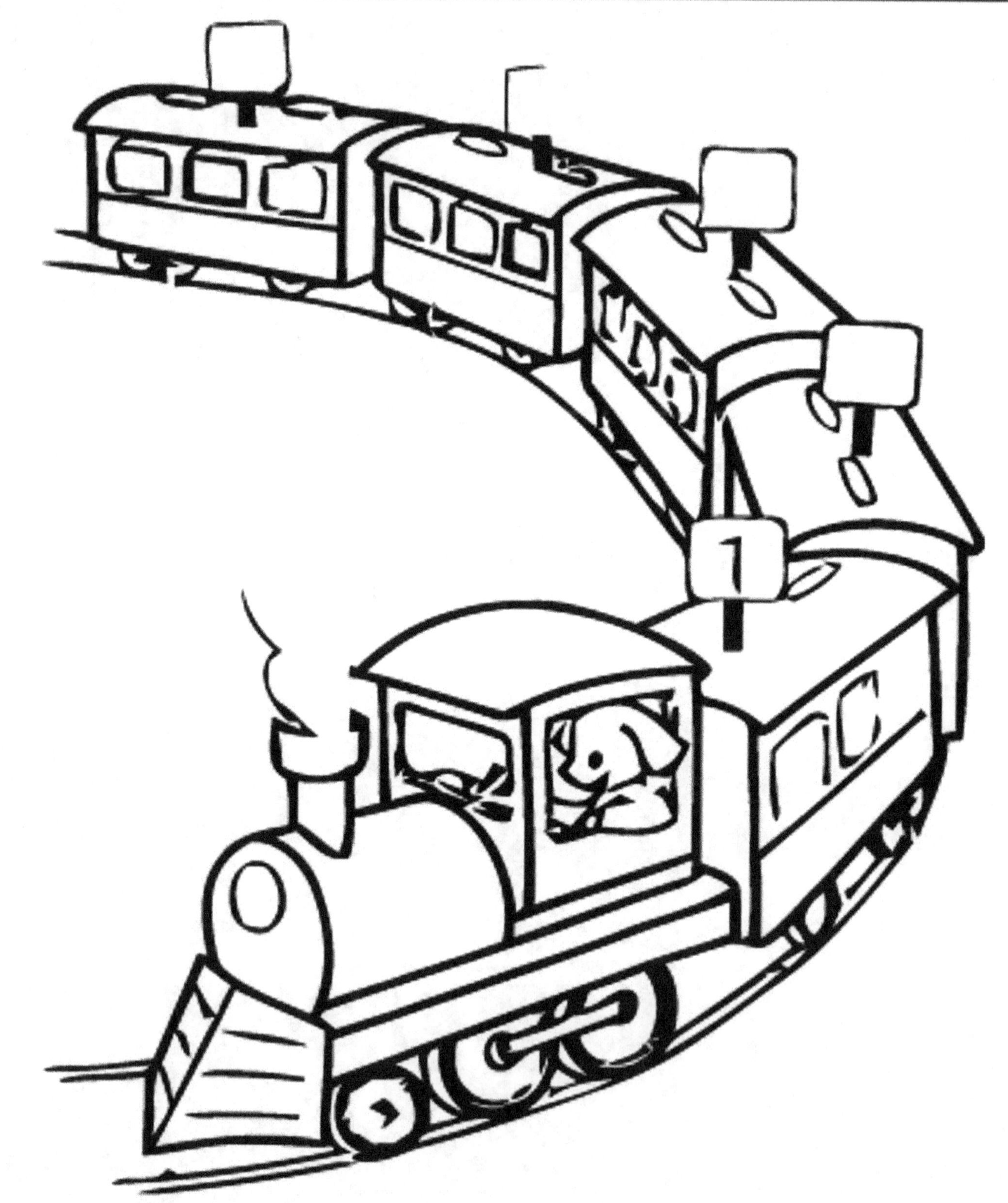

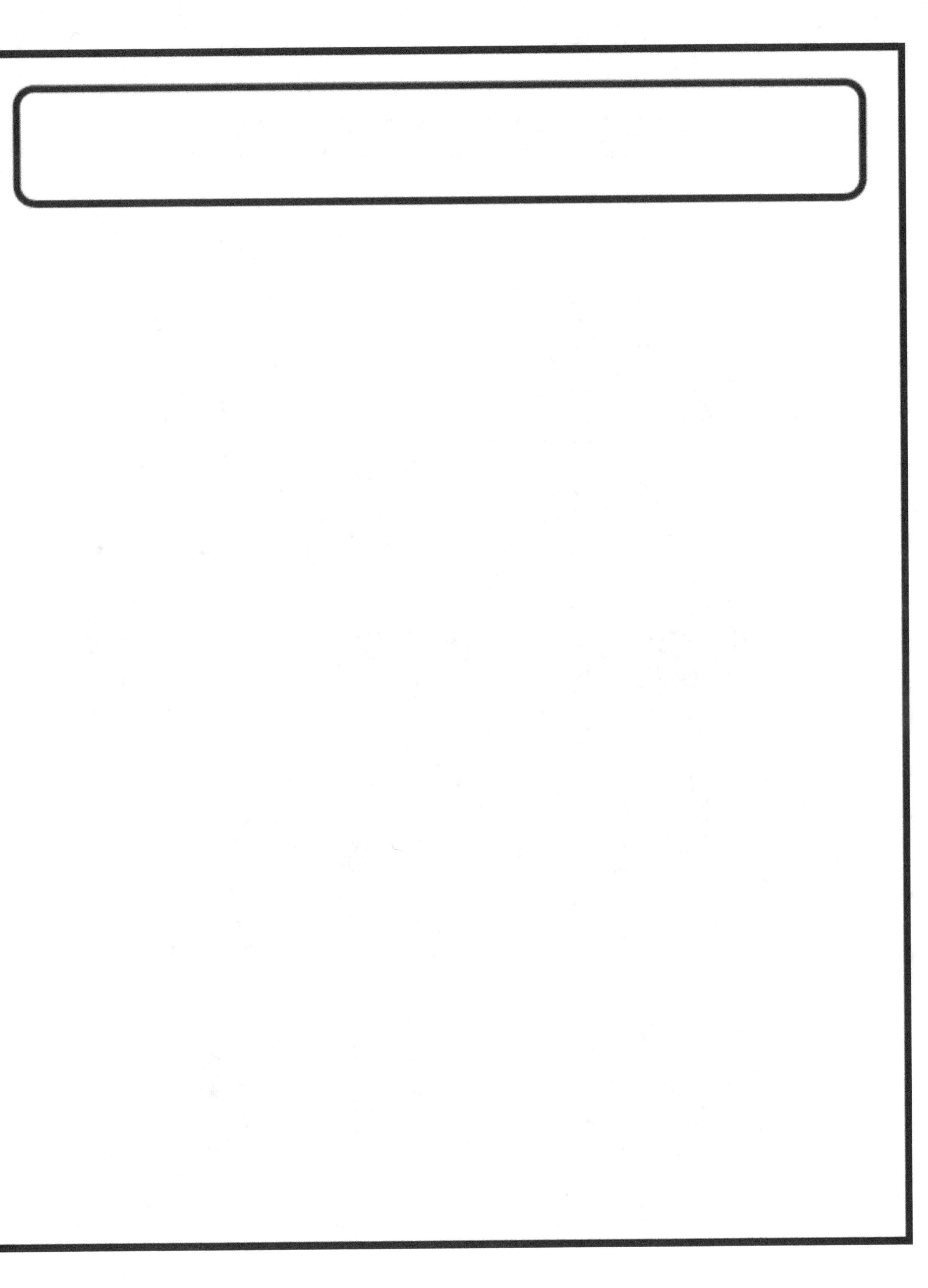

# TRAIN MALBUCH

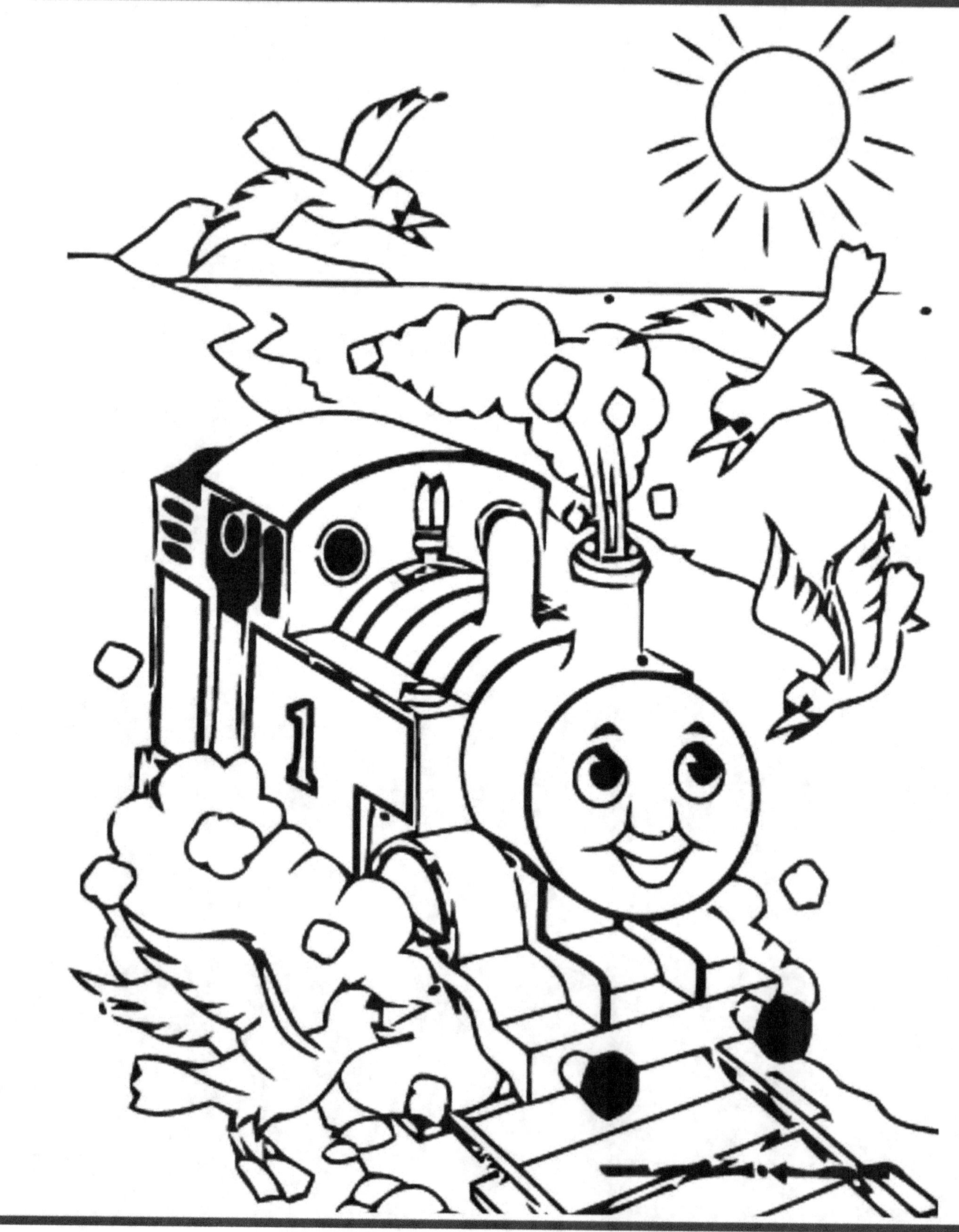

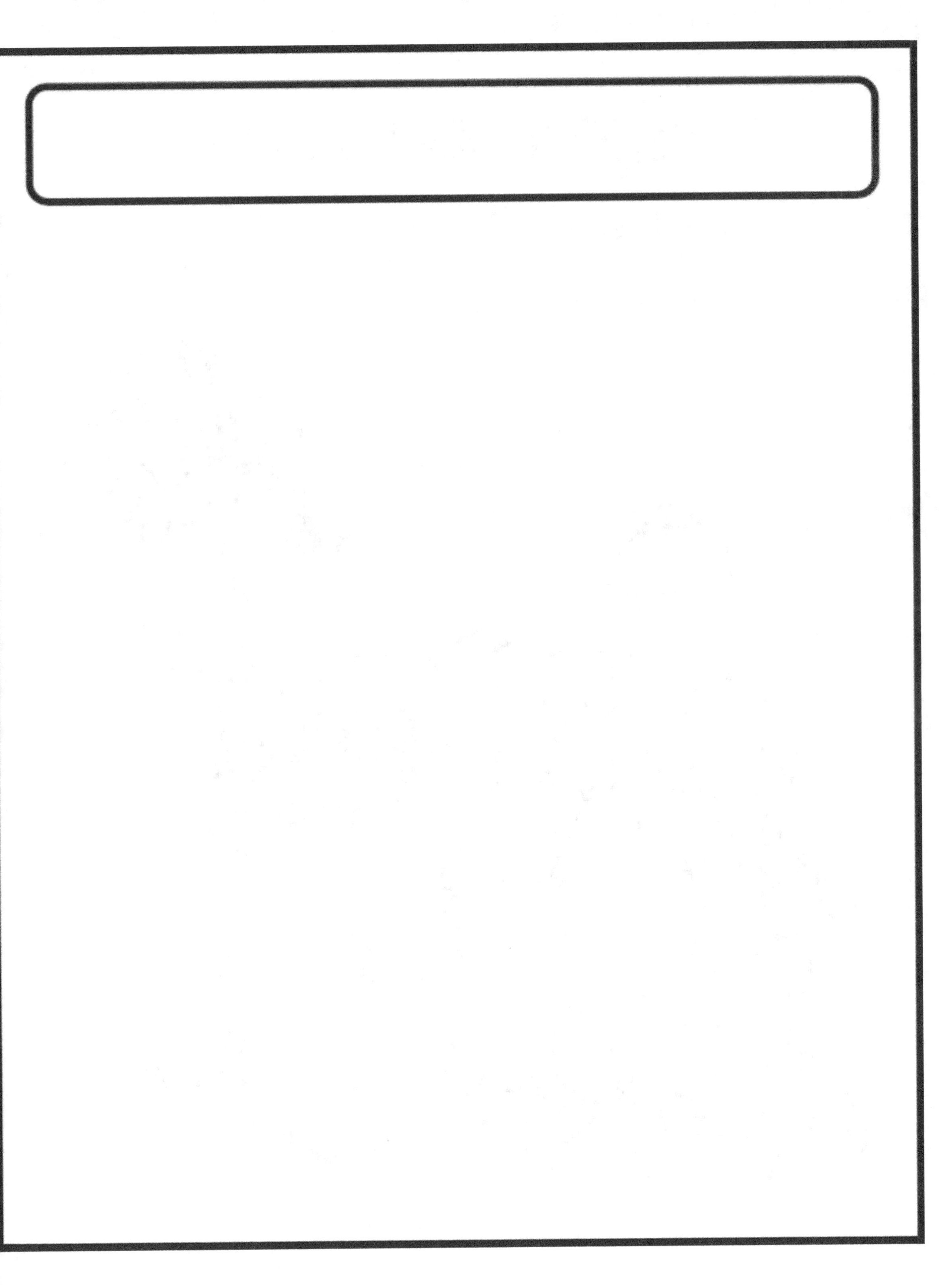

# TRAIN MALBUCH

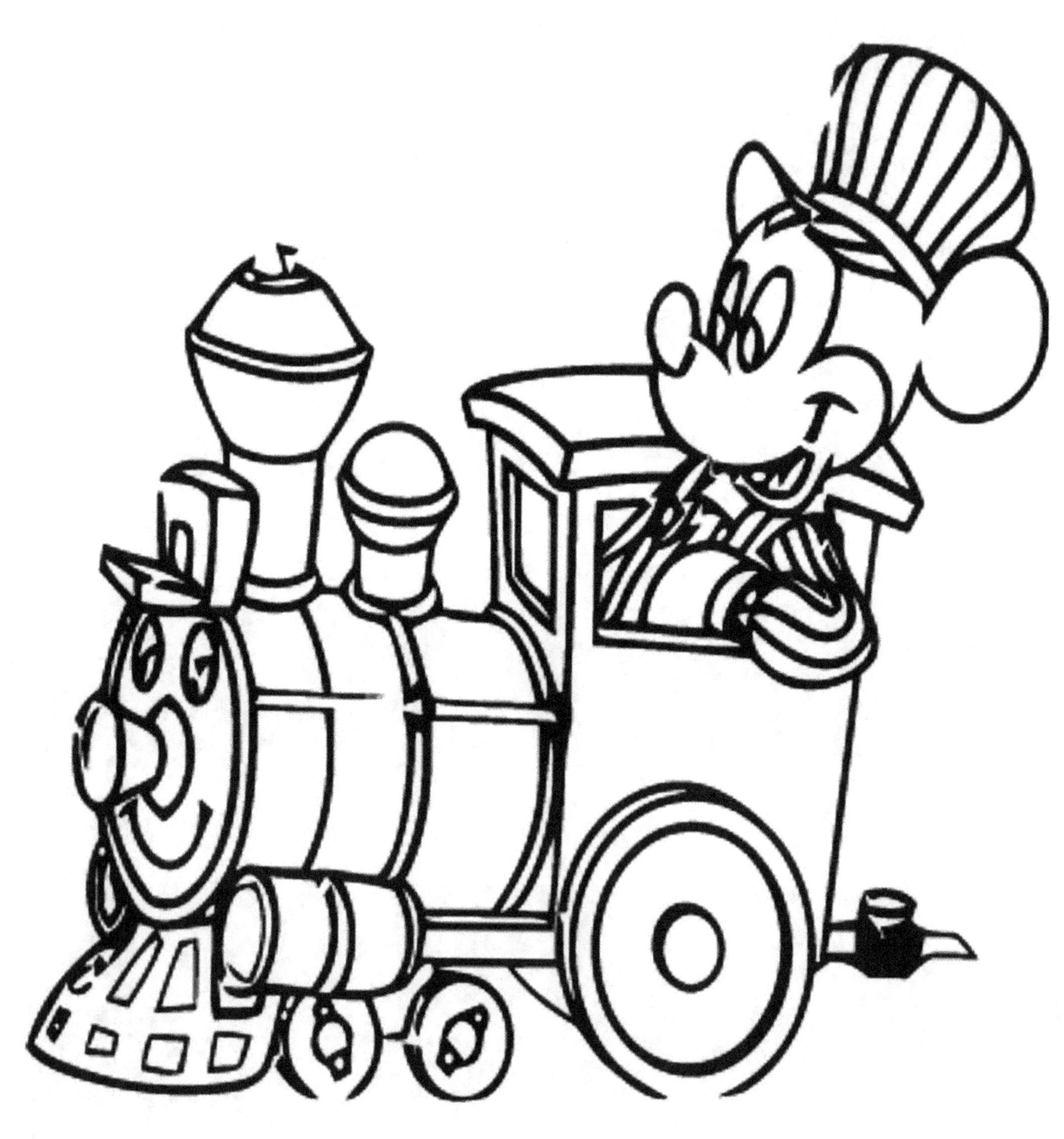

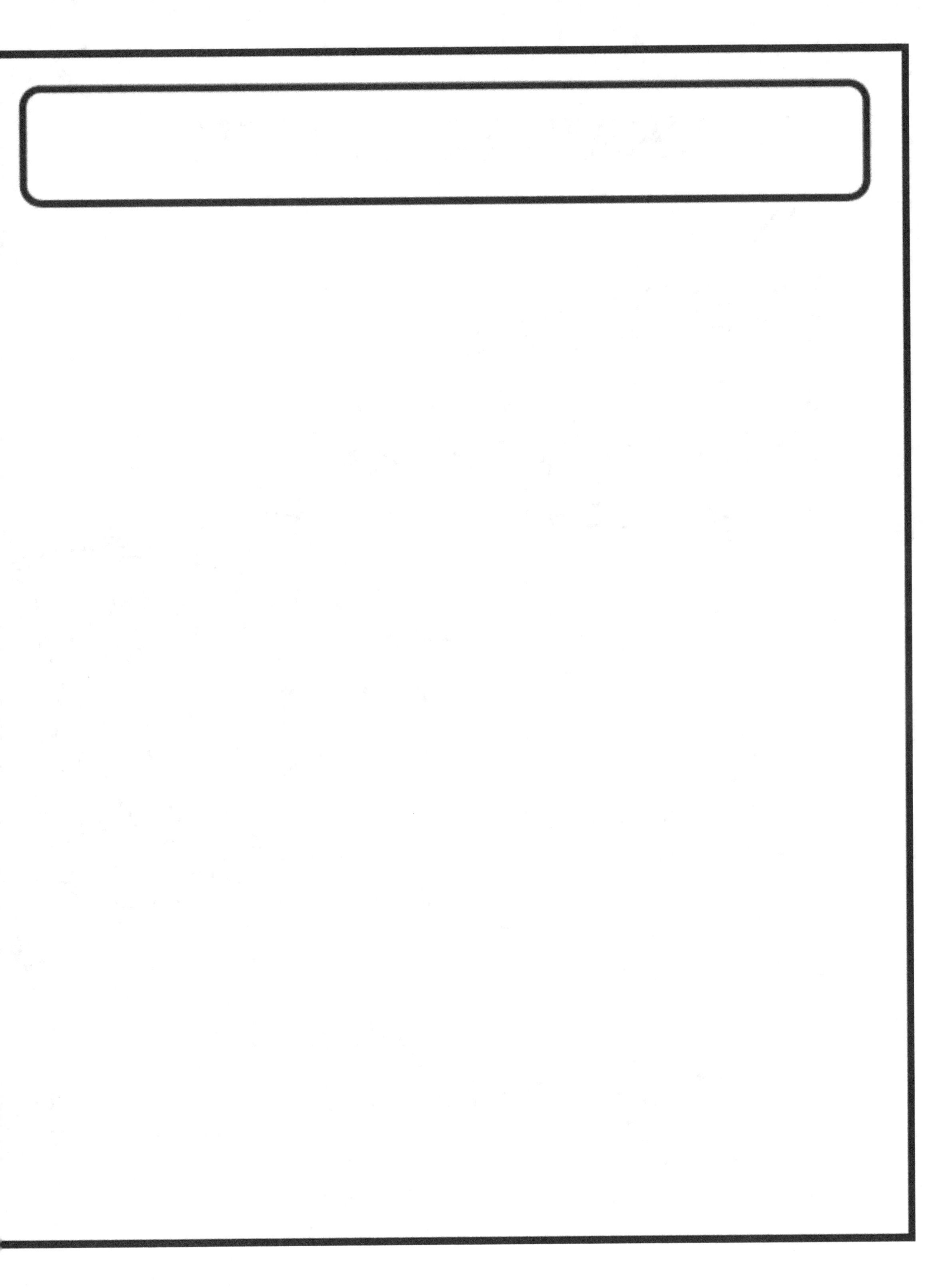

# TRAIN MALBUCH

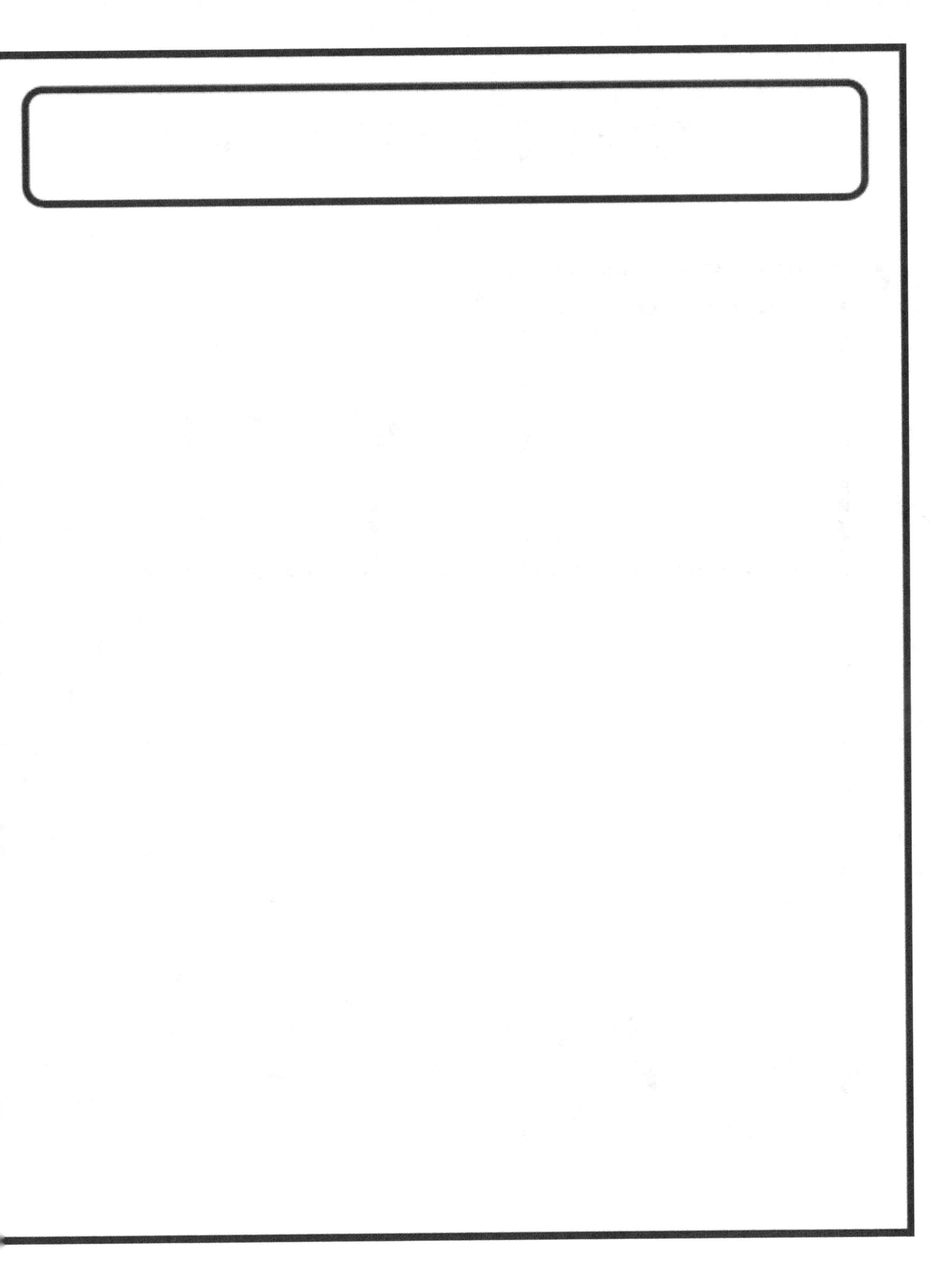

# TRAIN MALBUCH

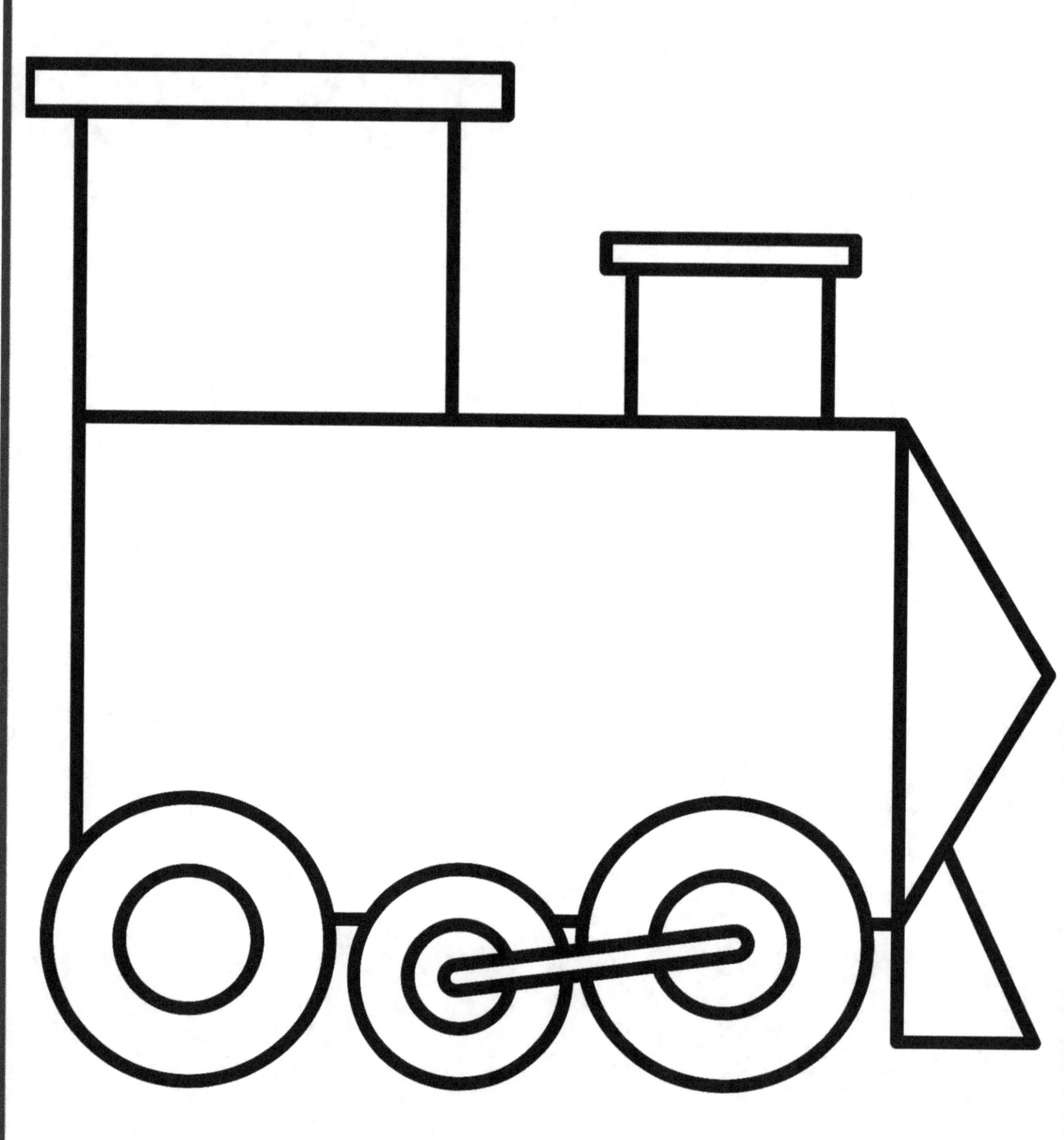

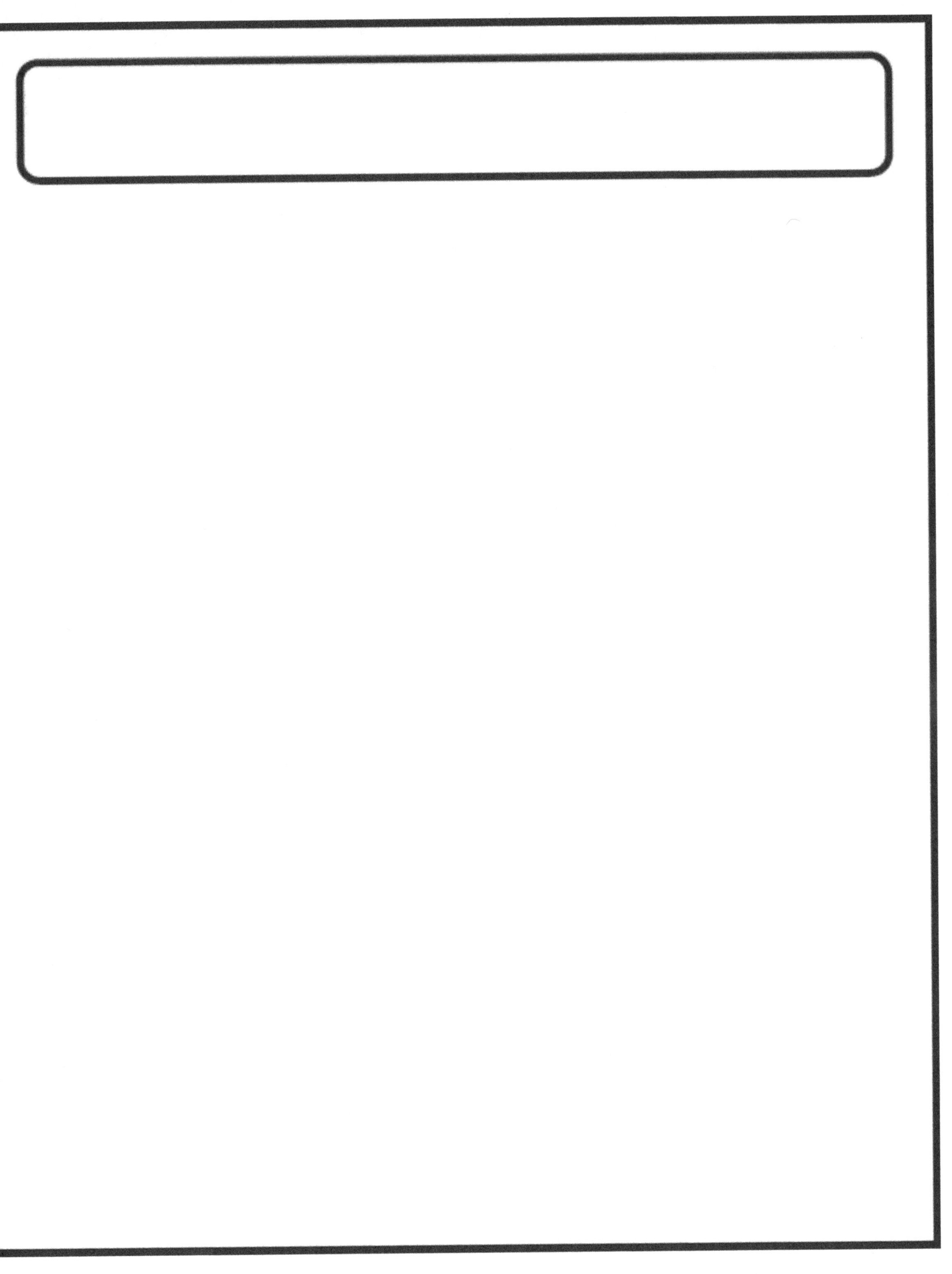